Las 4000 Palabras Mas Usadas En Ingles: Su pronunciación y significado

Carlos Gomez

© Copyright 2025 por Snowball Publishing

Contacto: info@snowballpublishing.com

snowballpublishing.com

Diseño Portada: Petru Golden

Todos los derechos reservados. Queda prohibida la reproducción total o parcial de esta obra por cualquier medio o procedimiento, sin la autorización escrita de los titulares del copyright.

Introducción

Dominar un idioma no solo abre puertas académicas y laborales, sino que también expande nuestros horizontes culturales y personales. El libro "Las 4000 Palabras Más Usadas en Inglés" ha sido especialmente diseñado para hispanohablantes que desean adquirir un sólido vocabulario en inglés de manera práctica, sencilla y efectiva.

Este libro presenta una cuidada selección de términos esenciales, organizados alfabéticamente y acompañados por su traducción clara y precisa al español. Además, incluye una transcripción fonética simplificada que permite al lector familiarizarse fácilmente con la pronunciación correcta de cada palabra.

Instrucciones de Uso:

1. Lee las palabras en orden alfabético o selecciona palabras específicas según tu interés o necesidad.

2. Observa atentamente la transcripción fonética para practicar la pronunciación correcta.

3. Usa las palabras en oraciones propias para afianzar su significado y aplicación práctica.

4. Repasa regularmente grupos pequeños de palabras para reforzar la retención a largo plazo.

5. Realiza ejercicios prácticos escribiendo frases cortas o diálogos utilizando el vocabulario aprendido.

Ya sea que estés comenzando a estudiar inglés o busques perfeccionar tu nivel actual, estas 4000 palabras te proporcionarán una base firme para comunicarte con confianza en contextos cotidianos, académicos o profesionales. ¡Descubre cómo avanzar rápidamente en el aprendizaje del inglés y transforma tu habilidad lingüística con este práctico y útil recurso!

English-Spanish Word List

Palabra en Ingles	Fonetica	Traduccion
Abacus	á-ba-kus	Ábaco
Abdominal	ab-do-mee-nal	Abdominal
Able	éi-bol	Capaz
About	a-báut	Acerca de
Abscess	áb-ses	Absceso
Absent	áb-sent	Ausente
Absolute	áb-so-lut	Absoluto
Absolve	ab-sólv	Absolver
Absorb	ab-sórb	Absorber
Abuse	a-biúz	Abuso
Abyss	a-bís	Abismo
Academy	á-ca-de-mi	Academia
Accelerate	ak-sé-le-ret	Acelerar
Accent	ák-sent	Acento
Accept	ak-sépt	Aceptar
Access	ák-ses	Acceso
Accomplish	a-kóm-plish	Lograr
Account	a-káunt	Cuenta
Ache	éik	Dolor
Achieve	a-chív	Lograr
Acquaintance	a-kuéin-tans	Conocido
Acquire	a-kuáir	Adquirir
Across	a-krós	Al otro lado de
Act	akt	Acto
Action	ák-shon	Acción
Activity	ák-ti-vi-ti	Actividad
Actually	ák-chu-a-li	De hecho
Acute	a-kút	Agudo
Add	ad	Agregar
Addict	á-dikt	Adicto
Address	á-dres	DIRECCIÓN
Adequate	á-de-kuet	Adecuado

5

Adhere	ad-jír	Adherirse
Adjacent	á-dje-sent	Adyacente
Adjective	á-dje-ktiv	Adjetivo
Admirable	ád-mi-ra-bol	Admirable
Admittance	ád-mi-tans	Entrada
Adrenalin	a-dré-na-lin	Adrenalina
Adult	á-dolt	Adulto
Advantage	ad-ván-tich	Ventaja
Advantageous	ad-van-téi-yus	Ventajoso
Advent	ád-vent	Adviento
Adversary	ád-ver-se-ri	Adversario
Advertise	ád-ver-tais	Anunciar
Advertisement	ád-ver-tais-ment	Anuncio
Advise	ad-váis	Aconsejar
Aeronautics	é-ro-nóu-tiks	Aeronáutica
Affect	a-fékt	Afectar
Affluence	á-flu-ens	Afluencia
After	áf-ter	Después
Again	a-gén	De nuevo
Against	a-génst	Contra
Age	éich	Edad
Agenda	a-jén-da	Orden del día
Aggravate	á-gra-veit	Agravar
Aggressive	a-gré-si-v	Agresivo
Agile	á-yil	Ágil
Agrarian	á-gra-ri-an	Agrario
Agree	a-grí	Aceptar
Agreement	a-grí-ment	Acuerdo
Air	ér	Aire
Alien	éi-lien	Extranjero
All	ól	Todo
Allergic	a-lér-jik	Alérgico
Alleviate	a-lí-vi-eit	Aliviar
Allies	á-lis	Aliados
Allow	a-láu	Permitir
Almanac	ál-ma-nak	Almanaque
Almond	ól-mond	Almendra
Almost	ól-most	Casi

Along	a-lóng	A lo largo de
Already	ol-ré-di	Ya
Also	ól-so	También
Alternative	al-tér-na-tiv	Alternativa
Altitude	ál-ti-tiud	Altitud
Aluminum	a-lú-mi-num	Aluminio
Amateur	á-ma-tur	Aficionado
Amazon	á-ma-zon	Amazonas
Ambassador	am-bá-sa-dor	Embajador
Ambiguity	am-bi-giú-i-ti	Ambigüedad
Ambulance	ám-biu-lans	Ambulancia
Ambush	ám-bush	Emboscada
Amen	ei-mén	Amén
Amendment	a-ménd-ment	Enmienda
Amnesia	am-ní-sha	Amnesia
Amnesty	ám-nes-ti	Amnistía
Amount	a-máunt	Cantidad
Amperage	ám-pe-rich	Amperaje
Amphetamine	am-fé-ta-min	Anfetamina
Amphibian	am-fí-bi-an	Anfibio
Amplify	ám-pli-fai	Amplificar
Amusement	a-miús-ment	Diversión
An	an	Un
Analgesic	a-na-ljé-sik	Analgésico
Analysis	a-ná-li-sis	Análisis
Analytic	a-ná-li-tik	Analítico
Analyze	á-na-laiz	Analizar
Anarchy	á-nar-ki	Anarquía
Anatomy	a-ná-to-mi	Anatomía
And	and	Y
Anecdote	á-nek-dout	Anécdota
Anesthesia	a-nes-thí-sha	Anestesia
Anesthesiologist	a-nes-thi-sió-lo-djist	Anestesiólogo
Anew	a-níu	De nuevo
Angel	én-jel	Ángel
Angle	áng-gol	Ángulo
Anglican	áng-li-kan	anglicano

Angry	áng-gri	Enojado
Anguish	áng-guish	Angustia
Angular	áng-gu-lar	Angular
Animal	á-ni-mal	Animal
Ankle	án-kol	Tobillo
Annihilate	a-ní-ji-leit	Aniquilar
Anniversary	a-ni-vér-sa-ri	Aniversario
Annual	á-nu-al	Anual
Anoint	a-nóint	Ungir
Anonymous	a-nó-ni-mus	Anónimo
Another	a-nó-der	Otro
Answer	án-suer	Respuesta
Antagonism	an-tá-go-nizm	Antagonismo
Antelope	án-te-loup	Antílope
Anthem	án-dem	Himno
Anthropology	an-thro-pó-lo-yi	Antropología
Antibiotic	an-ti-bai-ótik	Antibiótico
Anticipate	an-tí-si-peit	Anticipar
Antidote	án-ti-dout	Antídoto
Antipathy	an-tí-pa-thi	Antipatía
Antique	an-tík	Antigüedad
Anxiety	ang-zái-e-ti	Ansiedad
Any	é-ni	Cualquier
Anybody	é-ni-bo-di	Cualquiera
Apathy	á-pa-thi	Apatía
Apiece	a-pís	Una pieza
Apocalyptic	a-po-ka-líp-tik	Apocalíptico
Apologetic	a-po-lo-yé-tik	Apologético
Apostle	a-pós-tol	Apóstol
Apparel	a-pá-rel	Vestir
Apparent	a-pá-rent	Aparente
Appeal	a-píl	Apelar
Appear	a-pír	Aparecer
Appease	a-pís	Apaciguar
Appendectomy	a-pen-dék-to-mi	Apendectomía
Appetite	á-pe-tait	Apetito
Applause	a-plós	Aplausos
Applicant	á-pli-kant	Solicitante

Las 4000 Palabras Más Usadas en Inglés

Application	a-pli-kéi-shon	Solicitud
Apply	a-plái	Aplicar
Appreciation	a-pre-shi-é-shon	Apreciación
Apprentice	á-pren-tis	Aprendiz
Appropriate	a-próu-pri-eit	Adecuado
Approval	a-prú-vl	Aprobación
Apricot	á-pri-kot	Albaricoque
April	éi-pril	Abril
Aptitude	áp-ti-tiud	Aptitud
Aquarium	a-kú-a-ri-um	Acuario
Aquatic	a-kú-a-tik	Acuático
Aqueduct	á-kwe-dukt	Acueducto
Arab	á-rab	árabe
Arbitrary	ár-bi-tra-ri	Arbitrario
Archaic	ar-kéi-ik	Arcaico
Archangel	ár-kan-djel	Arcángel
Archbishop	árch-bi-shop	Arzobispo
Archdiocese	árch-dai-o-sis	Archidiócesis
Archeologist	ar-ke-ó-lo-yist	Arqueólogo
Architect	ár-ki-tekt	Arquitecto
Architecture	ar-ki-ték-chur	Arquitectura
Ardent	ár-dent	Ardiente
Are	ar	Son
Area	éi-ri-a	Área
Argument	ár-giu-ment	Argumento
Aristocracy	a-ris-tó-kra-si	Aristocracia
Aristocrat	a-rís-to-krat	Aristócrata
Arithmetic	a-ríth-me-tik	Aritmética
Arizona	a-ri-só-na	Arizona
Arkansas	ár-kan-sas	Arkansas
Armistice	ár-mis-tis	Armisticio
Around	a-ráund	Alrededor
Arouse	a-ráuz	Despertar
Arrangement	a-rénj-ment	Acuerdo
Array	a-réi	Formación
Arrival	a-rái-val	Llegada
Arrive	a-ráiv	Llegar
Arsenal	ár-se-nal	Arsenal

Arsenic	ár-se-nik	Arsénico
Arson	ár-son	Incendio provocado
Artery	ár-te-ri	Artería
Arthritis	ar-thrái-tis	Artritis
Artichoke	ár-ti-chouk	Alcachofa
Article	ár-ti-kl	Artículo
Articulate	ar-tí-kue-leit	Articular
Artifice	ár-ti-fis	Artificio
Artificial	ar-ti-fí-shal	Artificial
Artillery	ar-tí-le-ri	Artillería
Artisan	ár-ti-san	Artesano
Artist	ár-tist	Artista
Artistic	ar-tís-tik	Artístico
As	as	Como
Ascend	as-sénd	Ascender
Ashamed	a-shéimd	Avergonzado
Ashore	a-shór	En tierra
Asia	éi-sha	Asia
Aside	a-sáid	Aparte
Ask	ask	Preguntar
Asparagus	as-pá-ra-gus	Espárragos
Aspect	ás-pekt	Aspecto
Asphalt	ás-falt	Asfalto
Aspire	as-páir	Aspirar
Aspirin	ás-pi-rin	Aspirina
Assassin	a-sá-sin	Asesino
Assault	a-sólt	Agresión
Assembly	a-sém-bli	Asamblea
Assert	a-sért	Afirmar
Assiduous	a-sí-diu-us	Asiduo
Assign	a-sáin	Asignar
Assimilate	a-sí-mi-leit	Asimilar
Associate	a-sóu-shi-eit	Asociado
Association	a-sóu-shi-ei-shon	Asociación
Assume	a-súm	Asumir
Asteroid	ás-te-roid	Asteroide
Asthma	ás-ma	Asma
Astray	as-tréi	Por mal camino

Las 4000 Palabras Más Usadas en Inglés

Astrologer	ás-tro-lo-djer	Astrólogo
Astronaut	ás-tro-naut	Astronauta
Asylum	ái-sy-lum	Asilo
At	at	En
Atheist	éi-the-ist	Ateo
Atmosphere	át-mo-sfir	Atmósfera
Atrocity	a-tró-si-ti	Atrocidad
Attain	a-téin	Alcanzar
Attempt	a-témpt	Intentar
Attend	a-ténd	Asistir
Attention	a-tén-shon	Atención
Attitude	á-ti-tud	Actitud
Attorney	a-tór-ni	Abogado
Audacity	au-dá-si-ti	Audacia
Audience	áu-dienc	Audiencia
Audition	óu-di-shon	Audición
Auditor	ó-di-tor	Auditor
August	áu-gust	Agosto
Aunt	ánt	Tía
Austerity	aus-té-ri-ti	Austeridad
Authentic	ó-then-tik	Auténtico
Author	áu-thor	Autor
Authority	o-thó-ri-ti	Autoridad
Authorization	au-tho-raizéi-shon	Autorización
Autobiography	óu-to-bai-ó-gra-fi	Autobiografía
Automatic	óu-to-má-tik	Automático
Autonomy	óu-to-no-mi	Autonomía
Autumn	ó-tum	Otoño
Available	a-véi-la-bol	Disponible
Avenue	á-ve-niu	Avenida
Average	á-ve-ritch	Promedio
Avoid	a-vóid	Evitar
Awesome	ó-som	Impresionante
Awful	ó-ful	Horrible
Awkward	ók-wuard	Extraño
Axe	aks	Hacha
Axiom	ák-si-om	Axioma
Bachelor	bá-che-lor	Bachiller

Las 4000 Palabras Más Usadas en Inglés

Back	bak	Atrás
Bad	bad	Malo
Bag	bag	Bolsa
Baggage	bá-gaj	equipaje
Balance	bá-lans	Balance
Balcony	bál-ko-ni	Balcón
Balloon	ba-lún	Globo
Band	band	Banda
Banister	bá-ni-ster	Barandilla
Bank	bank	Banco
Bankruptcy	bánk-rup-si	Quiebra
Banquet	bán-kuet	Banquete
Baptism	báp-tizm	Bautismo
Barbarian	bar-bé-ri-an	Bárbaro
Barbecue	bár-bi-kiu	Parilla
Bargain	bár-gen	Negociar
Barley	bár-li	Cebada
Barometer	ba-ró-me-ter	Barómetro
Barometric	ba-ro-mé-trik	Barométrico
Barracks	bá-raks	Cuartel
Barrel	bá-rel	Barril
Barren	bá-ren	Estéril
Barricade	bá-ri-keid	Barricada
Barrier	bá-ri-er	Barrera
Barrister	bá-ris-ter	Abogado
Base	beis	Base
Basement	béis-ment	Sótano
Basic	béi-sik	Básico
Basket	bás-ket	Cesta
Bass	bas	Bajo
Bastion	bás-chon	Bastión
Bath	bath	Baño
Battalion	ba-tá-lion	Batallón
Battery	bá-te-ri	Batería
Battle	bá-tol	Batalla
Be	bi	Ser
Beach	bich	Playa
Beacon	bí-kon	Faro

Beagle	bí-gol	Beagle
Beam	bim	Haz
Bean	bin	Frijol
Bear	ber	Oso
Bearing	béa-ring	Cojinete
Beast	bist	Bestia
Beat	bit	Derrotar
Beautician	biu-tí-shan	Cosmetólogo
Beautiful	biu-tí-ful	Hermoso
Beauty	biu-ti	Belleza
Because	bi-kóz	Porque
Become	bi-kóm	Convertirse
Bed	bed	Cama
Bedroom	bé-drum	Dormitorio
Bee	bí	Abeja
Beef	bif	Carne de res
Been	bin	Estado
Beer	bir	Cerveza
Before	bi-fór	Antes
Beg	beg	Mendigar
Begin	bi-gín	Comenzar
Behalf	bi-háf	Beneficio
Behavior	bi-jéi-vior	Comportamiento
Behind	bi-jáind	Detrás
Belfry	bél-fri	Campanario
Belief	bi-líf	Creencia
Believe	bi-lív	Creer
Bellow	bé-lo	Bramido
Belong	bi-lóng	Pertenecer
Beneath	be-níth	Bajo
Beneficial	be-ne-fí-shal	Beneficioso
Benefit	bé-ne-fit	Beneficio
Benevolence	be-né-vo-lens	Benevolencia
Benign	be-náin	Benigno
Berserk	ber-sérk	Enloquecido
Beside	bi-sáid	Al lado de
Besides	bi-sáids	Además
Best	best	Mejor

Las 4000 Palabras Más Usadas en Inglés

Betray	be-tréi	Traicionar
Better	bé-ter	Mejor
Between	bet-wín	Entre
Beverage	bé-ve-rich	Bebida
Beware	bi-uér	Tener cuidado
Bewilder	bi-uíl-der	Confundir
Bewitch	bi-uích	Hechizar
Beyond	bi-yónd	Más allá de
Biblical	bí-bli-kal	Bíblico
Bibliography	bi-blió-gra-fi	Bibliografía
Bicycle	bái-si-kl	Bicicleta
Big	big	Grande
Bilingual	bai-lín-gual	Bilingüe
Bill	bil	Factura
Billboard	bíl-bord	Cartelera
Billiards	bí-liards	Billar
Bind	baind	Unir
Binder	báin-der	Aglutinante
Binoculars	bi-nó-kju-lars	Prismáticos
Biographer	bai-ó-gra-fer	Biógrafo
Biography	bai-ó-gra-fi	Biografía
Biology	bai-ó-lo-yi	Biología
Bird	berd	Pájaro
Bishop	bí-shop	Obispo
Bit	bit	Poco
Bite	báit	Morder
Bitter	bí-ter	Amargo
Biweekly	bai-wí-kli	Quincenal
Blade	bléid	Cuchilla
Blame	bleim	Culpa
Blare	blér	Estruendo
Bleed	blid	Sangrar
Blind	blaind	Ciego
Blizzard	blí-zard	Ventisca
Block	blok	Bloquear
Blood	blud	Sangre
Bloom	blum	Floración
Blouse	bláus	Blusa

Las 4000 Palabras Más Usadas en Inglés

Blue	blu	Azul
Blush	blósh	Rubor
Board	bórd	Junta
Boat	bót	Bote
Body	bó-di	Cuerpo
Boisterous	bóis-te-rous	Bullicioso
Bomb	bom	Bomba
Bone	bón	Hueso
Book	buk	Libro
Boomerang	bú-me-rang	Bumerang
Boot	bút	Bota
Booth	búth	Puesto
Boredom	bó-re-dom	Aburrimiento
Born	bórn	Nacido
Borrow	bó-rrou	Pedir prestado
Both	bóth	Ambos
Bother	bó-der	Molestar
Bottle	bó-tl	Botella
Bottom	bá-tom	Abajo
Bought	bót	Compró
Boulder	ból-der	Roca
Boulevard	bú-le-vard	Bulevar
Bounce	báuns	Rebotar
Bound	báund	Atado
Boundary	bún-da-ri	Límite
Bouquet	bu-kéi	Ramo
Bow	bóu	Arco
Bowl	ból	Bol
Box	boks	Caja
Boy	bói	Chico
Brace	breis	Abrazadera
Bracelet	bréi-slet	Pulsera
Braid	breid	Trenza
Brain	brein	Cerebro
Brake	breik	Freno
Brave	breiv	Corajudo
Brawl	ból	Pelearse
Breach	brích	Incumplimiento

Las 4000 Palabras Más Usadas en Inglés

Bread	bred	Pan
Break	breik	Romper
Breakfast	brék-fast	Desayuno
Breast	brest	Mama
Breath	breth	Aliento
Breathe	bríth	Respirar
Breed	brid	Criar
Breeze	brís	Brisa
Brewery	brú-e-ri	Cervecería
Bribe	braib	Soborno
Bride	braid	Novia
Bridegroom	bráid-grum	Novio
Bridesmaid	bráids-meid	Dama de honor
Bridge	brich	Puente
Bridle	brái-dl	Brida
Brief	bríf	Breve
Briefcase	bríf-keis	Maletín
Briefing	brí-fin	Instrucciones
Brigade	bri-géid	Brigada
Bring	bring	Traer
Bristle	brís-tl	Cerda
Broad	brod	Amplio
Bronchitis	bron-kái-tis	Bronquitis
Bronze	brons	Bronce
Brooch	brúch	Broche
Brook	bruk	Arroyo
Brother	bró-der	Hermano
Brown	braun	Marrón
Browse	braus	Navegar
Bruise	brúz	Moretón
Brush	brush	Cepillar
Bubble	bób-l	Burbuja
Budget	bád-jit	Presupuesto
Bugle	bíu-gl	Bugle
Build	bíuld	Construir
Building	bíul-din	Edificio
Bundle	bún-dl	Manojo
Buoyancy	búi-an-si	Flotabilidad

Las 4000 Palabras Más Usadas en Inglés

Burden	bér-den	Carga
Bureaucracy	biu-ró-kra-si	Burocracia
Burglar	bér-glar	Ladrón
Burglary	bér-gla-ri	Robo con fractura
Burial	bíu-ri-al	Entierro
Business	bí-zi-nes	Negocio
Busy	bí-si	Ocupado
But	bat	Pero
Butcher	bú-cher	Carnicero
Buy	bai	Comprar
By	bai	Por
Cabbage	ká-bech	Repollo
Cable	kéi-bl	Cable
Cage	kéich	Jaula
Cake	keik	Pastel
Calculate	kál-kju-leit	Calcular
Calf	kaf	Becerro
Call	kol	Llamar
Campaign	kam-péin	Campaña
Can	kan	Poder
Candidate	cán-di-deit	Candidato
Candle	cán-dl	Vela
Cane	kein	Caña
Canyon	cán-yon	Cañón
Capability	ká-pa-bi-li-ti	Capacidad
Capacity	ká-pa-si-ti	Capacidad
Capital	ká-pi-tal	Capital
Capitalism	ká-pi-ta-lizm	Capitalismo
Capsize	káp-saiz	Zozobrar
Captain	káp-ten	Capitán
Caption	káp-shon	Subtítulo
Captive	káp-tiv	Cautivo
Capture	káp-chur	Captura
Carbohydrate	kar-bo-hái-dreit	Carbohidrato
Cardboard	kárd-bord	Cartulina
Cardiology	kar-di-ó-lo-dji	Cardiología
Care	ker	Cuidado
Career	ka-rí-er	Carrera

Carefree	kér-fri	Despreocupado
Careful	kér-ful	Cuidadoso
Carpenter	kár-pen-ter	Carpintero
Carriage	ká-rri-ich	Carro
Carrousel	ká-ru-sel	Carrusel
Carry	ká-ri	Llevar
Cartilage	kár-ti-lidj	Cartílago
Cartoon	kar-tún	Dibujos animados
Cartridge	kár-tridj	Cartucho
Case	keis	Caso
Cashier	kash-íer	Cajero
Cashmere	kash-mír	Cachemira
Castaway	kás-ta-wéi	Desechar
Castle	kás-l	Castillo
Casualty	ká-shu-al-ti	Víctima
Cataclysm	ká-ta-klizm	Cataclismo
Catalogue	ká-ta-log	Catalogar
Cataract	ká-ta-rakt	Catarata
Catch	kách	Atrapar
Cathedral	ka-thí-dral	Catedral
Catholic	ká-tho-lik	católico
Catsup	kát-sup	Salsa de tomate
Cattle	ká-tl	Ganado
Caught	kót	Atrapó
Cauliflower	káu-li-flau-er	Coliflor
Cause	kóz	Causa
Cauterize	káu-te-raiz	Cauterizar
Caution	káu-shon	Precaución
Cave	keiv	Cueva
Cavern	ká-vern	Caverna
Cavity	ká-vi-ti	Cavidad
Cease	sís	Cesar
Cedar	sí-der	Cedro
Ceiling	sí-ling	Techo
Celebrate	sé-le-breit	Celebrar
Celebration	se-le-bréi-shon	Celebración
Cellar	sé-lar	Bodega
Cello	ché-lo	Violonchelo

Las 4000 Palabras Más Usadas en Inglés

Cemetery	sé-me-te-ri	Cementerio
Centennial	sen-té-ni-al	Centenario
Center	sén-ter	Centro
Centigrade	sén-ti-greid	Centígrado
Centralize	sén-tra-laiz	Centralizar
Century	sén-chu-ri	Siglo
Ceramics	se-rá-miks	Cerámica
Cereal	sí-ri-al	Cereal
Ceremony	sé-re-mo-ni	Ceremonia
Certain	sér-tn	Cierto
Certificate	ser-tí-fi-ket	Certificado
Certify	sér-ti-fai	Certificar
Ch, Y	ch y	Ch, Y
Chain	chéin	Cadena
Chairman	chér-man	Presidente
Chalk	chók	Tiza
Challenge	chá-lenj	Desafío
Chamber	chámb-er	Cámara
Champion	chámpi-on	Campeón
Chance	cháns	Oportunidad
Change	chéinch	Cambiar
Chaos	kéi-os	Caos
Character	khrá-rak-ter	Personaje
Charcoal	chár-kol	Carbón
Charge	chárdj	Cargar
Charity	chá-ri-ti	Caridad
Chase	chéiss	Perseguir
Cheap	chíip	Barato
Cheat	chít	Engañar
Check	chéck	Controlar
Checkers	ché-kers	Damas
Checkmate	chéck-meit	Mate
Cheeky	chí-ki	Fresco
Cheer	chíer	Alegría
Cheerleader	chíer-lí-der	Animador
Cheese	chíis	Queso
Chemist	ké-mist	Químico
Chemistry	ké-mis-tri	Química

19

Las 4000 Palabras Más Usadas en Inglés

Cherish	ché-rish	Apreciar
Cherub	ché-rub	Querubín
Chestnut	chést-nut	castaña
Chew	chiu	Masticar
Chief	chíef	Jefe
Chieftain	chíef-tin	Jefe
Child	cháild	Niño
Children	chíldren	Niños
Chime	cháim	Repicar
Chimney	chím-ni	Tubo de lámpara
China	cháina	Porcelana
Chinese	chái-nis	Chino
Chiropractor	kái-ro-prak-tor	Quiropráctico
Chivalry	chí-val-ri	Caballería
Chlorine	kló-rin	Cloro
Chocolate	chó-klet	Chocolate
Choice	chóis	Elección
Choir	kwáir	Coro
Choke	chóuk	Ahogo
Choose	chúus	Elegir
Chord	kórd	Acorde
Chore	chór	Faena
Choreographer	ko-ro-gra-fer	Coreógrafo
Chose	chóus	Elige
Chosen	chó-sen	Preferido
Chowder	cháu-der	Sopa de pescado
Christen	krís-en	Bautizar
Chubby	chób-bi	Regordete
Chuckle	chák-l	Risita
Church	chérch	Iglesia
Cinnamon	sí-na-mon	Canela
Circle	sér-kl	Círculo
Circuit	sér-kit	Circuito
Circumference	sir-kum-fé-renz	Circunferencia
Circumstance	sir-kum-stáns	Circunstancia
Circus	sér-kus	Circo
Citizen	sí-ti-zen	Ciudadano
City	sí-ti	Ciudad

Claim	kléim	Afirmar
Class	klas	Clase
Classical	klás-si-kal	Clásico
Classmate	klás-meit	Compañero de clase
Clause	klóz	Cláusula
Claw	kló	Garra
Clean	klín	Limpio
Clear	klír	Claro
Clergy	klér-dji	Clero
Client	kláyent	Cliente
Clientele	kláyent-tel	Clientela
Climb	klaim	Trepar
Cloak	klóuk	Capa
Close	klóus	Cerca
Cloth	klóth	Paño
Cloud	kláud	Nube
Clown	kláun	Payaso
Clue	klú	Clave
Clumsy	klúm-si	Torpe
Clutch	klóch	Embrague
Coach	kóach	Entrenador
Coal	kóul	Carbón
Coast	kóust	Costa
Coat	kóut	Abrigo
Coax	kóaks	Engatusar
Cobblestone	kó-bl-stoun	Guijarro
Code	kóud	Código
Coffee	kó-fi	Café
Cohesion	ko-hí-shon	Cohesión
Coincidence	kóin-si-dens	Coincidencia
Cold	kóuld	Frío
Collapse	ko-láps	Colapsar
Collect	ko-lékt	Recolectar
College	kó-lech	Colega
Collide	ko-láid	Chocar
Collision	ko-lí-shon	Colisión
Column	kó-lum	Columna
Combine	kom-báin	Combinar

Come	kám	Venir
Comedy	kó-me-di	Comedia
Comestible	ko-més-ti-bol	Comestible
Commander	ko-mán-der	Comandante
Committee	ko-mí-ti	Comité
Common	kó-mon	Común
Communicate	ko-míu-ni-keit	Comunicar
Community	ko-míu-ni-ti	Comunidad
Commuter	ko-miú-ter	Viajero diario al trabajo
Company	kám-pa-ni	Compañía
Compare	kom-pér	Comparar
Comparison	kom-pé-ra-son	Comparación
Compass	kóm-pas	Brújula
Compatible	kom-pá-ti-bol	Compatible
Compete	kom-pít	Competir
Competitor	kom-pé-ti-tor	Competidor
Compile	kom-páil	Compilar
Complain	kom-pléin	Quejarse
Complete	kom-plít	Completo
Compliance	kom-plái-ans	Cumplimiento
Complicated	kom-plí-kei-ted	Complicado
Comply	kom-plái	Cumplir
Compound	kóm-paund	Compuesto
Comprehensive	kom-pre-hén-siv	Integral
Comprise	kom-práis	Comprender
Compromise	kom-pró-mais	Compromiso
Compulsive	kom-púl-siv	Compulsivo
Computer	kom-píu-ter	Computadora
Comrade	kóm-reid	Camarada
Conceal	kon-síl	Ocultar
Conceit	kon-sít	Presunción
Conceive	kon-sív	Concebir
Concentrate	kon-sén-treit	Concentrarse
Concern	kon-sérn	Inquietud
Concierge	kon-sí-ersh	Conserje
Concise	kon-sáis	Conciso
Conclusive	kon-klú-siv	Concluyente

Concrete	kón-krit	Concreto
Condition	kon-dí-shon	Condición
Condolence	kon-dó-lens	Condolencia
Conduct	kon-dúct	Conducta
Cone	kón	Cono
Confabulate	kon-fá-biu-leit	Conferenciar
Confederacy	kon-fé-de-ra-si	Confederación
Conference	kón-fe-renz	Conferencia
Confession	kon-fé-shon	Confesión
Confide	kon-fáid	Confiar
Confidential	kon-fi-dén-shal	Confidencial
Confine	kon-fáin	Confinar
Confiscate	kon-fís-keit	Confiscar
Conflagration	kon-fla-gréi-shon	Conflagración
Conflict	kón-flikt	Conflicto
Confrontation	kon-fron-téi-shon	Confrontación
Confuse	kon-fiús	Confundir
Congeal	kon-djíl	Congelar
Congenial	kon-djí-ni-al	Agradable
Congratulate	kon-grá-tchu-leit	Felicitar
Congregate	kon-gré-geit	Congregarse
Conjugate	kon-djú-geit	Conjugado
Conjunction	kon-djúnk-shon	Conjunción
Conjure	kon-djúr	Conjurar
Conquer	kón-kwer	Conquistar
Consciense	kón-shens	Conciencia
Consciously	kón-shus-li	Conscientemente
Consecrate	kón-se-kreit	Consagrar
Consideration	kon-si-de-réi-shon	Consideración
Consolation	kon-sóu-lei-shon	Consuelo
Conspiracy	kon-spí-ra-si	Conspiración
Constellation	kon-ste-léi-shon	Constelación
Constitute	kón-sti-tut	Constituir
Construct	kon-stráct	Construir
Container	kon-téi-ner	Recipiente
Contemporary	kon-tém-po-ra-ri	Contemporáneo
Continue	kon-tí-niu	Continuar
Contour	kón-tour	Contorno

Contract	kon-tráct	Contrato
Contribute	kon-trí-biut	Contribuir
Contrive	kon-tráiv	Idear
Control	kon-tról	Control
Converge	kon-vérdj	Converger
Conversation	kon-ver-séi-shon	Conversación
Conversion	kon-vér-shon	Conversión
Convince	kon-víns	Convencer
Cook	kuk	Cocinar
Cookie	kú-ki	Galleta
Cool	kúul	Fresco
Cooperate	ko-ó-pe-reit	Cooperar
Coordinate	ko-ór-di-neit	Coordinar
Cop	kóp	Policía
Cope	kóup	Afrontar
Copilot	kóu-pai-lot	Copiloto
Cord	kord	Cable
Cordial	kór-dial	Cordial
Core	kor	Centro
Corner	kór-ner	Esquina
Corporation	kor-po-réi-shon	Corporación
Corps	kor	Cuerpo
Corpse	korps	Cadáver
Correspondence	kor-res-pón-denz	Correspondencia
Corruption	ko-rúp-shon	Corrupción
Cosmonaut	kós-mo-not	Cosmonauta
Cost	kóst	Costo
Cottage	ká-tich	Cabaña
Cotton	kó-ton	Algodón
Couch	káuch	Sofá
Cough	kóf	Tos
Could	kúld	Podría
Council	kán-sel	Concejo
Count	kánt	Contar
Counterfeit	káun-ter-feit	Falsificación
Country	kán-tri	País
County	káun-ti	Condado
Coup	kú	Golpe

Couple	ká-pol	Pareja
Courage	kó-rech	Coraje
Courier	kú-ri-er	Mensajero
Course	kórs	Curso
Court	kort	Corte
Courteous	kór-ti-us	Cortés
Cousin	ká-sin	Primo
Covenant	kó-ve-nant	Pacto
Cover	kó-ver	Cubrir
Coverage	kó-ve-rich	Cobertura
Cow	káu	Vaca
Coward	káu-ard	Cobarde
Cozy	kóu-si	Acogedor
Crackle	krák-l	Crepitar
Crane	kréin	Grúa
Cranial	kréi-ni-al	Craneal
Crate	kreit	Caja
Crater	kréi-ter	Cráter
Crawl	król	Gatear
Crazy	kréi-zi	Loco
Creaky	krí-ki	Rechinador
Cream	krím	Crema
Crease	krís	Pliegue
Create	kri-éit	Crear
Creation	kri-éi-shon	Creación
Creed	kríd	Credo
Creek	krík	Arroyo
Creep	kríp	Arrastrarse
Creole	kri-ól	criollo
Crew	krú	Multitud
Crime	kraim	Delito
Cripple	krí-pol	Lisiado
Crisis	krái-sis	Crisis
Crocodile	kró-ko-dail	Cocodrilo
Crook	krúk	Ladrón
Crosswalk	krós-wók	Paso de peatones
Crowd	kraud	Multitud
Crown	kráun	Corona

Las 4000 Palabras Más Usadas en Inglés

Cruise	krúz	Crucero
Crutch	krúch	Muleta
Cry	krai	Llorar
Cub	kob	Cachorro
Cube	kiúb	Cubo
Cucumber	kiú-kum-ber	Pepino
Cue	kiú	Señal
Cuff	káf	Bofetada
Culmination	kol-mi-néi-shon	Culminación
Cultivate	kól-ti-veit	Cultivar
Culture	kól-chur	Cultura
Cup	kap	Taza
Cure	kiúr	Curar
Curiosity	kiu-ri-ós-si-ti	Curiosidad
Curly	kér-li	Ondulado
Currency	kér-ren-si	Divisa
Current	kér-rent	Actual
Curse	kers	Maldición
Curtain	kér-ten	Cortina
Curve	kérv	Curva
Cushion	kú-shon	Almohadón
Custody	kús-to-di	Custodia
Customer	kús-to-mer	Cliente
Cut	kot	Cortar
Cute	kiút	Lindo
Cycle	sái-kl	Ciclo
Cylinder	sí-lin-der	Cilindro
Dabble	dá-bol	Salpicar
Daily	déi-li	A diario
Dainty	déi-ti	Delicado
Dairy	déi-ri	Lácteos
Daisy	déi-si	Margarita
Dam	dam	Presa
Damage	dá-mech	Daño
Damnation	dam-néi-shon	Condenación
Dance	dans	Bailar
Danger	dén-djer	Peligro
Dangerous	dén-djer-ous	Peligroso

Las 4000 Palabras Más Usadas en Inglés

Dark	dark	Oscuro
Darkness	dárk-nes	Oscuridad
Dartboard	dart-bórd	Diana
Dashing	dá-shing	Apuesto
Data	déi-ta	Datos
Date	deit	Fecha
Daughter	dó-ter	Hija
Dauntless	dáunt-les	Intrépido
Dawn	don	Amanecer
Day	dei	Día
Daze	deiz	Aturdimiento
Dazzle	dás-l	Deslumbrar
Dead	ded	Muerto
Deaf	def	Sordo
Deal	díal	Trato
Dear	díar	Estimado
Death	déth	Muerte
Debate	de-béit	Debate
Debt	det	Deuda
Debut	de-biút	Debut
Decade	dé-keid	Década
Decay	de-kéi	Decadencia
Deceased	de-síst	Fallecido
Deceive	de-sív	Engañar
Decent	dí-sent	Decente
Deceptive	de-sép-tiv	Engañoso
Decide	de-sáid	Decidir
Decision	de-sí-shon	Decisión
Declare	de-klér	Declarar
Decline	de-kláin	Rechazar
Decode	de-kóud	Descodificar
Decorate	de-kóu-reit	Decorar
Decrease	de-krís	Disminuir
Decree	de-krí	Decreto
Decry	de-di-kéi-shon	Desacreditar
Dedication	de-di-kéi-shon	Dedicación
Deduce	de-dús	Deducir
Deed	did	Escritura

Deep	dip	Profundo
Deer	dir	Ciervo
Default	de-fólt	Por defecto
Defeat	de-fít	Fracaso
Defect	de-fékt	Defecto
Defend	de-fénd	Defender
Defiance	de-fái-ans	Desafío
Deficiency	de-fí-shen-si	Deficiencia
Define	de-fáin	Definir
Definition	de-fi-ní-shon	Definición
Defraud	de-fród	Defraudar
Defray	de-fréi	Sufragar
Defy	de-fái	Desafiar
Degrade	de-gréid	Degradar
Degree	de-grí	Grado
Deify	dí-a-fai	Deificar
Dejection	de-jék-shon	Abatimiento
Delay	de-léi	Demora
Delegate	dé-le-geit	Delegar
Delete	de-lít	Borrar
Delicate	dé-li-ket	Delicado
Delight	de-láit	Deleitar
Delineate	de-lí-ni-eit	Delinear
Deluge	dé-luy	Diluvio
Delusion	de-lú-shon	Engaño
Demand	de-mánd	Demanda
Demeanor	de-mí-nor	Comportamiento
Democracy	de-mó-kra-si	Democracia
Demon	dí-mon	Demonio
Demoniac	de-mó-ni-ak	Demoníaco
Demonstrate	de-món-streit	Demostrar
Demote	de-móut	Degradar
Denigrate	de-ní-greit	Denigrar
Denounce	de-náuns	Denunciar
Deny	de-nái	Denegar
Department	de-párt-ment	Departamento
Depend	de-pénd	Depender
Dependability	de-pen-da-bí-li-ti	Confianza

Deplete	de-plít	Agotar
Depot	dé-pot	Depósito
Depression	de-pré-shon	Depresión
Deprive	de-práiv	Privar
Depth	dépth	Profundidad
Deputy	dé-piu-ti	Diputado
Derive	de-ráiv	Derivar
Derogate	dé-ro-geit	Derogar
Describe	de-skráib	Describir
Deserve	de-sérv	Merecer
Design	de-záin	Diseño
Designate	dé-sig-neit	Designado
Desire	de-sái-er	Deseo
Desk	desk	Escritorio
Despair	des-pér	Desesperación
Desperate	dés-preit	Desesperado
Despise	des-páis	Despreciar
Despite	des-páit	A pesar de
Destroy	des-trói	Destruir
Detail	déi-tal	Detalle
Detain	de-téin	Detener
Deteriorate	de-tí-ri-o-reit	Deteriorarse
Determine	de-tér-min	Determinar
Detour	dé-tur	Desvío
Devaluate	de-vá-lu-eit	Devaluar
Develop	de-vé-lop	Desarrollar
Developing	de-vé-lo-ping	Desarrollo
Device	de-váis	Dispositivo
Devote	de-vóut	Dedicar
Devour	de-váur	Devorar
Dew	diú	Rocío
Diabetes	dai-a-bí-tis	Diabetes
Diabolic	dai-a-bó-lik	Diabólico
Diagnosis	dai-ag-nó-sis	Diagnóstico
Diagonal	dai-ág-no-nal	Diagonal
Diagram	dái-a-gram	Diagrama
Dial	dái-al	Marcar
Dialect	dái-a-lekt	Dialecto

Dialogue	dái-a-log	Diálogo
Diameter	dai-á-me-ter	Diámetro
Diamond	dái-a-mond	Diamante
Diaper	dái-a-per	Pañal
Diaphragm	dái-a-fram	Diafragma
Diary	dái-a-ri	Diario
Dichotomy	dai-khó-to-mi	Dicotomía
Dictator	dík-tei-tor	Dictador
Did	did	Hizo
Die	dái	Morir
Diet	dái-et	Dieta
Different	dí-fe-rent	Diferente
Difficult	dí-fi-kult	Difícil
Diffuse	di-fiúz	Difuso
Digest	dái-gest	Digerir
Digital	dí-dji-tal	Digital
Dignify	díg-ni-fai	Dignificar
Diligence	dí-li-djens	Diligencia
Dime	dáim	Diez centavos
Diminish	di-mí-nish	Disminuir
Dimple	dím-pol	Hoyuelo
Dining room	dái-ning rúm	Comedor
Dinner	dí-ner	Cena
Diocese	dái-o-ses	Diócesis
Direct	di-rékt	Directo
Direction	di-rék-shon	Dirección
Director	di-rék-tor	Director
Dirt	dért	Suciedad
Disadvantage	dis-ad-ván-tich	Desventaja
Disagree	dis-a-grí	Discrepar
Disappear	dis-a-pír	Desaparecer
Disapprove	dis-a-prúv	Desaprobar
Disarrange	dis-a-réinch	Desarreglar
Disastrous	dis-ás-trus	Desastroso
Disciple	dis-áy-pol	Discípulo
Discipline	dis-kli-plín	Disciplina
Discount	dis-káunt	Descuento
Discourage	dis-kóu-ridj	Desalentar

30

Discovery	dis-ká-ve-ri	Descubrimiento
Discreet	dis-krít	Discreto
Discriminate	dis-krí-mi-neit	Discriminar
Discuss	dis-kús	Conversar
Discussion	dis-kú-shon	Discusión
Disdain	dis-déin	Desdén
Disease	di-sís	Enfermedad
Disfigure	dis-fí-gur	Desfigurar
Disgraceful	dis-gréis-ful	Vergonzoso
Disguise	dis-gáis	Ocultar
Dishonest	dis-ó-nes	Deshonesto
Dishwasher	dísh-wó-sher	Lavavajillas
Disjunctive	dis-djúnk-tiv	Disyuntivo
Dismay	dis-méi	Consternación
Disperse	dis-pérs	Dispersar
Displace	dis-pléis	Desplazar
Display	dis-pléi	Mostrar
Displease	dis-plís	Desagradar
Dispose	dis-póus	Disponer
Dispute	dis-piút	Disputar
Dissect	dis-ékt	Disecar
Dissolve	dis-sólv	Disolver
Dissuade	dis-suéid	Disuadir
Distance	dís-tans	Distancia
Distillery	dis-tíl-le-ri	Destilería
Distribute	dis-trí-biut	Distribuir
Disturbance	dis-tér-bans	Perturbación
Dive	dáiv	Bucear
Diverge	dai-vérdj	Divergir
Diverse	dai-vérs	Diverso
Diversify	dai-vér-si-fai	Diversificar
Diversity	dai-vér-si-ti	Diversidad
Divert	dai-vért	Desviar
Divide	di-váid	Dividir
Divine	dai-váin	Divino
Dizzy	dí-si	Mareado
Do	dú	Hacer
Dockyard	dók-yárd	Astillero

Las 4000 Palabras Más Usadas en Inglés

Doctor	dók-tor	Doctor
Document	dó-kju-ment	Documento
Dodge	dódj	Esquivar
Doe	dóu	Gama
Dog	dóg	Perro
Doleful	dóul-ful	Triste
Dollar	dó-lar	Dólar
Dolphin	dól-fin	Delfín
Domain	dou-méin	Dominio
Dome	dóum	Cúpula
Dominate	dó-mi-neit	Dominar
Donation	dou-néi-shon	Donación
Done	don	Hecho
Donkey	dón-ki	Burro
Doodle	dú-dol	Garabatear
Doom	dúm	Condenar
Door	dór	Puerta
Doorbell	dór-bel	Timbre de la puerta
Dosage	dóu-sich	Dosificación
Dose	dóus	Dosis
Double	dóu-bol	Doble
Doubt	dáut	Duda
Dough	dóu	Masa
Doughnut	dóu-nut	Rosquilla
Dove	dóv	Paloma
Down	dáun	Abajo
Drainage	dréi-nich	Drenaje
Drape	dreip	Cubrir
Drapery	dréi-pe-ri	Pañería
Draw	dró	Dibujar
Drawl	dról	Arrastrar palabras
Dread	dred	Miedo
Dream	drím	Sueño
Dredgedrive	dredj-dráiv	Dragado
Drive	dráiv	Conducir
Drop	drop	Gota
Drought	dráut	Sequía
Drown	draun	Ahogar

Drowsy	dráu-si	Soñoliento
Drugstore	drág-stor	Farmacia
Drum	drum	Tambor
Drunk	drónk	Ebrio
Dry	drái	Seco
Duchess	dú-chez	Duquesa
Duck	dák	Pato
Due	diú	Pendiente
Duke	diúk	Duque
Dumb	dam	Mudo
Dump	dómp	Vertedero
Dungeon	dán-djon	Mazmorra
Durable	dú-ra-bol	Durable
During	dú-ring	Durante
Dusk	dosk	Oscuridad
Dutch	doch	Holandés
Duty	dú-ti	Deber
Dwarf	dwórf	Enano
Dwell	duél	Habitar
Dye	dái	Teñir
Dynamic	dai-ná-mik	Dinámica
Dynamite	dái-na-mait	Dinamita
Dynasty	dái-na-sti	Dinastía
Each	ích	Cada
Eager	í-ger	Ansioso
Eagle	í-gol	Águila
Ear	ér	Oreja
Earl	erl	Conde
Early	ér-li	Temprano
Earn	érn	Ganar
Earnest	ér-nest	Serio
Earth	érth	Tierra
Ease	íz	Facilidad
East	ést	Este
Easter	és-ter	Pascua de Resurrección
Eastern	és-tern	Oriental
Easy	í-si	Fácil

Las 4000 Palabras Más Usadas en Inglés

Eat	ít	Comer
Ebb	eb	Reflujo
Ebony	é-bo-ni	Ébano
Eccentric	ek-sén-trik	Excéntrico
Ecclesiastic	ek-le-si-ás-tik	Eclesiástico
Echelon	é-she-lon	Escalón
Echo	é-ko	Eco
Eclipse	e-klíps	Eclipse
Eco	é-ko	Eco
Ecological	e-ko-ló-dji-kal	Ecológico
Economic	e-kó-no-mik	Económico
Economy	e-kó-no-mi	Economía
Ecstasy	ék-sta-si	Éxtasis
Edge	edj	Borde
Edible	é-di-bol	Comestible
Education	é-dju-kei-shon	Educación
Eerie	í-ri	Misterioso
Effect	e-fékt	Efecto
Effective	e-fék-tiv	Eficaz
Effervescence	e-fer-vés-sens	Efervescencia
Efficacy	é-fi-ka-si	Eficacia
Efficient	é-fi-shent	Eficiente
Effort	é-fort	Esfuerzo
Effusively	e-fú-siv-li	Efusivamente
Egg	eg	Huevo
Ego	é-go	Ego
Egoistic	e-gó-is-tik	Egoísta
Eider	ái-der	Eider
Eight	éit	Ocho
Either	í-der	Cualquiera
Eject	i-jékt	Expulsar
Elaborate	e-lá-bo-reit	Elaborar
Elaborately	e-lá-bo-ret-li	Elaboradamente
Elapse	e-láps	Transcurrir
Elasticity	e-las-tí-si-ti	Elasticidad
Elbow	él-bou	Codo
Elder	él-der	Mayor
Elderly	él-der-li	Anciano

Election	i-lék-shon	Elección
Electric	i-lék-trik	Eléctrico
Electron	e-lék-tron	Electrón
Elegance	é-le-gans	Elegancia
Element	é-le-ment	Elemento
Elephant	é-le-fant	Elefante
Elevate	é-le-veit	Elevar
Eleven	e-lé-ven	Once
Elicit	i-lí-sit	Obtener
Eligibility	e-li-djí-bi-li-ti	Elegibilidad
Eliminate	e-lí-mi-neit	Eliminar
Elliptic	e-líp-tik	Elíptico
Elongate	e-lón-geit	Alargado
Elope	i-lóup	Escaparse con un amante
Else	éls	Demás
Elsewhere	éls-guér	En otra parte
Email	í-méil	Correo electrónico
Emancipate	e-mán-si-peit	Emancipar
Embalm	em-bálm	Embalsamar
Embark	em-bárk	Embarcarse
Embarrassing	em-bá-ra-sing	Embarazoso
Embassy	ém-ba-si	Embajada
Embellish	em-bé-lish	Embellecer
Embezzlement	em-bé-zol-ment	Malversación
Embody	em-bó-di	Encarnar
Embrace	em-bréis	Abarcar
Embroider	em-brói-der	Bordar
Embryo	ém-bri-ou	Embrión
Emerald	é-me-rald	Esmeralda
Emergency	e-mér-djen-si	Emergencia
Emotional	e-mó-sho-nal	Emocional
Empathy	ém-pa-thi	Empatía
Emphasis	ém-fa-sis	Énfasis
Empire	émp-air	Imperio
Employ	em-plói	Emplear
Employee	em-pló-i	Empleado
Employer	em-plói-er	Empleador

Employment	em-plói-ment	Empleo
Empress	ém-pres	Emperatriz
Empty	ém-ti	Vacío
Enable	en-éi-bol	Permitir
Encircle	en-sér-kl	Rodear
Encode	en-kóud	Codificar
Encounter	en-káun-ter	Encontrar
Encroach	en-króuch	Invadir
Encrust	en-krúst	Incrustar
Encyclopedia	en-sai-klo-pí-di-a	Enciclopedia
Encyst	én-sist	Crear envoltura
End	end	Fin
Endanger	en-dén-djer	Poner en peligro
Endeavor	en-dé-vor	Empeño
Endorsement	en-dórs-ment	Aprobación
Endose	en-dóus	Endosar
Endow	en-dáu	Dotar
Endurance	en-diú-rens	Resistencia
Enemy	é-ne-mi	Enemigo
Energetic	en-er-djé-tik	Energético
Energy	é-ner-dji	Energía
Enfold	en-fóuld	Envolver
Enforce	en-fórs	Hacer cumplir
Engage	en-géich	Comprometer
Engine	én-djin	Motor
Engineer	én-dji-nier	Ingeniero
Engrave	en-gréiv	Grabar
Engulf	en-gólf	Sumergir
Enhance	en-háns	Mejorar
Enjoy	en-djói	Disfrutar
Enlarge	en-lárdj	Agrandar
Enlighten	en-lái-ten	Iluminar
Enmity	én-mi-ti	Enemistad
Enormous	e-nór-mos	Enorme
Enough	e-nóf	Suficiente
Enrage	en-réich	Enfurecer
Enrich	en-rích	Enriquecer
Enroll	en-ról	Inscribirse

Ensign	én-sain	Bandera
Enslave	en-sléiv	Esclavizar
Ensnare	en-snéir	Entrampar
Ensure	en-shúr	Asegurar
Entail	en-téil	Implicar
Entangle	en-táng-l	Enredar
Enter	én-ter	Ingresar
Enterprise	én-ter-praiz	Empresa
Entertain	en-ter-téin	Entretener
Enthrone	en-thrón	Entronizar
Enthusiasm	en-thú-siasm	Entusiasmo
Entice	en-táis	Atraer
Entire	en-tái-er	Completo
Entirely	en-tái-er-li	Enteramente
Entitle	en-tái-tol	Dar derecho
Entrance	én-trans	Entrada
Entrap	en-tráp	Entrampar
Entreat	en-trít	Rogar a
Entrench	en-trénch	Atrincherar
Entrust	en-tróst	Confiar
Envelope	én-ve-loup	Sobre
Envious	én-vi-us	Envidioso
Environment	en-vái-ron-ment	Ambiente
Envoy	én-voi	Enviado
Envy	én-vi	Envidiar
Ephemeral	e-fé-me-ral	Efímero
Epilogue	é-pi-log	Epílogo
Episode	é-pi-soud	Episodio
Epistle	e-pís-tol	Epístola
Epoch	é-pok	Época
Equal	í-kwal	Igual
Equation	i-kwéishon	Ecuación
Equatorial	e-kwá-to-ri-al	Ecuatorial
Equipment	e-kwíp-ment	Equipo
Equitable	e-kwi-tei-bol	Equitativo
Equivalent	e-kwí-va-lent	Equivalente
Eradle	éi-drol	Eradle
Erase	i-réis	Borrar

Erosion	i-róu-shon	Erosión
Errand	ér-rand	Recado
Erroneous	e-róu-ni-us	Erróneo
Error	ér-ror	Error
Eruption	e-rúp-shon	Erupción
Escalate	és-ka-leit	Escalar
Escape	es-kéip	Escapar
Escort	é-skort	Escolta
Especially	es-pé-sha-li	Especialmente
Espionage	éspi-o-násh	Espionaje
Essential	e-sén-shal	Básico
Establish	es-tá-blish	Establecer
Esteem	es-tím	Estima
Estimate	és-ti-meit	Estimar
Eternal	e-tér-nal	Eterno
Ethical	é-thi-kal	Ético
Ethnology	eth-nól-lo-dji	Etnología
Etiquette	e-ti-két	Etiqueta
Eucharist	iú-ka-rist	eucaristía
Eulogy	iú-lo-dji	Elogio
Euphemism	iú-fe-mi-sm	Eufemismo
Europe	iú-róp	Europa
Evade	i-véid	Evadir
Evaluation	e-va-lú-ei-shon	Evaluación
Evangelist	i-ván-dje-list	Evangelista
Evaporate	e-vá-po-reit	Evaporar
Evasive	i-véi-siv	Evasivo
Even	í-ven	Incluso
Evening	í-ven-ing	Noche
Event	é-vent	Evento
Ever	é-ver	Alguna vez
Everlasting	é-ver-lás-ting	Eterno
Every	é-vri	Cada
Everyday	év-ri-dei	Cada día
Everything	év-ri-thing	Todo
Evidence	é-vi-dens	Evidencia
Evil	í-vil	Demonio
Evolutionary	e-vo-lú-sho-na-ri	Evolutivo

Las 4000 Palabras Más Usadas en Inglés

Exact	ig-záct	Exacto
Exaggerate	eg-zá-dje-reit	Exagerar
Example	eg-sám-pol	Ejemplo
Exceed	ek-síd	Superar
Excerpt	ék-serpt	Extracto
Exchange	ek-schéinch	Intercambio
Excited	ek-sái-ted	Entusiasmado
Exclamatory	eks-klá-ma-to-ri	Exclamatorio
Exclude	eks-klúd	Excluir
Excursion	eks-kér-shon	Excursión
Excuse	eks-kíus	Disculpar
Execute	ék-sé-kjut	Ejecutar
Executive	eks-ék-kju-tiv	Ejecutivo
Exemplary	eg-zém-plar-i	Ejemplar
Exempt	eg-zémt	Eximir
Exercise	ék-ser-saiz	Ejercicio
Exhale	eks-héil	Exhalar
Exhaust	eks-hóst	Escape
Exhibit	egz-hí-bit	Anexo
Exile	éks-ail	Exilio
Exist	eg-zíst	Existir
Existence	eg-zís-tens	Existencia
Exonerate	eg-zó-ne-reit	Exonerar
Expand	eks-pánd	Expandir
Expansion	eks-pán-shon	Expansión
Expect	eks-pékt	Esperar
Expedite	ék-spe-dait	Acelerar
Expel	eks-pél	Expulsar
Expeler	eks-pé-ler	Expulsor
Expenditure	ek-spén-di-chur	Gasto
Experience	eks-pí-riens	Experiencia
Expert	éks-pert	Experto
Expertise	eks-pér-tis	Pericia
Expire	eks-páir	Expirar
Explain	eks-pléin	Explicar
Explode	eks-plóud	Explotar
Explore	eks-plór	Explorar
Explorer	eks-pló-rer	Explorador

Las 4000 Palabras Más Usadas en Inglés

Export	eks-pórt	Exportar
Expression	eks-pré-shon	Expresión
Expressway	eks-prés-wei	Autopista
Exquisite	eks-kwí-zit	Exquisito
Extension	eks-tén-shon	Extensión
Exterior	eks-tí-ri-or	Exterior
Exterminate	eks-tér-mi-neit	Exterminar
External	eks-tér-nal	Externo
Extinguish	eks-tíng-guish	Extinguir
Extract	éks-trakt	Extracto
Extraordinary	eks-tro-ór-di-ne-ri	Extraordinario
Extravagant	eks-trá-va-gant	Extravagante
Extremely	eks-trím-li	Extremadamente
Exuberant	eg-zú-be-rant	Exuberante
Eye	ái	Ojo
Eyekt	ái-lid	Eyekt
Eyesight	ái-sait	Vista
Fable	féi-bol	Fábula
Fabricate	fá-bri-keit	Fabricar
Fabulous	fá-biu-lus	Fabuloso
Facade	fa-sáid	Fachada
Face	feis	Rostro
Facial	féi-shal	Facial
Facility	fa-sí-li-ti	Instalación
Fact	fákt	Hecho
Faction	fák-shon	Facción
Factory	fák-to-ri	Fábrica
Fade	feid	Desteñir
Fail	fél	Fallar
Failure	féi-lur	Falla
Faint	féint	Débil
Fair	fér	Justo
Fairy	féi-ri	Hada
Faith	féith	Fe
Fake	feik	Falso
Fall	fál	Caer
Fallacious	fe-léi-shos	Erróneo
False	fáls	False

Las 4000 Palabras Más Usadas en Inglés

Fame	feim	Fama
Family	fá-mi-li	Familia
Famous	féi-mus	Famoso
Fantasy	fán-ta-si	Fantasía
Far	far	Lejos
Farewell	fer-wél	Despedida
Farm	farm	Granja
Farther	fár-dher	Más lejos
Fascinate	fás-si-neit	Fascinar
Fashion	fá-shon	Moda
Fast	fást	Rápido
Fate	feit	Destino
Father	fá-dher	Padre
Fathom	fá-thom	Braza
Fatigue	fa-tíg	Fatiga
Faucet	fó-set	Grifo
Fault	fáult	Falla
Favor	féi-vor	Favor
Favorite	féi-vo-rit	Favorito
Fawn	fón	Adular
Fear	fíar	Miedo
Feasible	fí-si-bol	Factible
Feast	físt	Banquete
Feat	fít	Logro
Feather	fé-dher	Pluma
Feature	fí-chur	Característica
February	fé-bru-a-ri	Febrero
Federalize	fé-de-ra-laiz	Federalizar
Fee	fí	Tarifa
Feeble	fí-bol	Débil
Feedback	fíd-bak	Comentario
Feel	fíil	Sentir
Fell	fel	Cayó
Female	fíi-meil	Femenino
Feminist	fé-mi-nist	Feminista
Fence	fens	Cerca
Ferocious	fe-ró-shus	Feroz
Ferris	fér-ris	Ferris

41

Ferryboat	fér-ri-bout	Transbordador
Festive	fés-tiv	Festivo
Fetch	fech	Buscar
Feudal	fíu-dal	Feudal
Fever	fí-ver	Fiebre
Few	fiú	Pocos
Fiber	fái-ber	Fibra
Fickle	fí-kl	Voluble
Fictional	fík-sho-nal	Ficticio
Fiddle	fí-dl	Violín
Fidelity	fi-dé-li-ti	Fidelidad
Field	field	Campo
Fiendish	fíen-dish	Diabólico
Fierce	fíers	Feroz
Fiery	fái-e-ri	Ardiente
Fifteen	fíf-tín	Quince
Fifth	fífth	Quinto
Fifty	fíf-ti	Cincuenta
Fig	fig	Higo
Fight	fáit	Luchar
Figure	fí-gur	Cifra
Figurine	fí-gju-rin	Figurilla
File	fáil	Archivo
Fill	fil	Llenar
Fillip	fí-lip	Estímulo
Film	film	Película
Filter	fíl-ter	Filtrar
Filthy	fíl-thi	Asqueroso
Filtration	fil-tréi-shon	Filtración
Final	fái-nal	Final
Finally	fái-na-li	Finalmente
Finances	fí-nan-sis	Finanzas
Find	fáind	Encontrar
Fine	fáin	Bien
Finger	fíng-er	Dedo
Finish	fí-nish	Finalizar
Finite	fái-nait	Finito
Fir	fer	Abeto

Las 4000 Palabras Más Usadas en Inglés

Fire	fái-er	Fuego
Firefly	fái-er-flai	Luciérnaga
Firehouse	fái-er-jaus	Parque de bomberos
Fireplace	fái-er-pleis	Hogar
Fireproof	fái-er-prúf	Incombustible
Firm	ferm	Firme
First	ferst	Primero
Fish	fish	Pez
Fission	fí-shon	Fisión
Fit	fit	Adaptar
Five	fáiv	Cinco
Fixed	fíkst	Fijado
Fixture	fíks-chur	Artículos fijos
Flake	fleik	Escama
Flame	fleim	Llama
Flammable	flá-ma-bol	Inflamable
Flare	fler	Llamarada
Flattery	flá-te-ri	Adulación
Flavor	fléi-vor	Sabor
Flea	flí	Pulga
Fleamarket	flí-már-ket	Mercado de pulgas
Flee	flíi	Huir
Fleet	flíit	Flota
Flexible	flék-si-bol	Flexible
Flier	flái-er	Volante
Flight	fláit	Vuelo
Float	flóut	Flotar
Flock	flok	Rebaño
Flood	flúd	Inundación
Floor	flór	Piso
Flounder	fláun-der	Platija
Flour	fláu-er	Harina
Flourish	flóu-rish	Florecer
Flow	flóu	Fluir
Flower	fláu-er	Flor
Fluent	flú-ent	Fluido
Fluke	flúk	Platija

43

Flush	flósh	Enjuagar
Flute	flút	Flauta
Fly	flái	Volar
Foam	fóum	Espuma
Focus	fó-kus	Enfocar
Fog	fog	Niebla
Foliage	fó-li-eich	Follaje
Follow	fó-lou	Seguir
Fondle	fón-dol	Acariciar
Food	fúd	Alimento
Foolish	fóo-lish	Necio
Foot	fút	Pie
For	for	Para
Force	fórs	Fuerza
Forceful	fórs-ful	Fuerte
Forearm	fór-arm	Antebrazo
Forecast	fór-kast	Pronóstico
Forehead	fór-hed	Frente
Foreign	fó-rein	Extranjero
Foreman	fór-man	Capataz
Forerunner	fór-ra-na	Precursor
Foresight	fór-sait	Previsión
Forge	fórdj	Fragua
Forget	for-gét	Olvidar
Forgive	for-gív	Perdonar
Form	form	Forma
Formulate	fór-miu-leit	Formular
Forsake	for-séik	Abandonar
Forthcoming	fórth-ko-ming	Próximo
Fortnight	fórt-nait	Quincena
Fortunate	fór-tchu-net	Afortunado
Fortune	fór-chun	Fortuna
Forward	fór-ward	Adelante
Fought	fóut	Luchó
Foul	faul	Falta
Foundation	faun-déi-shon	Base
Four	fór	Cuatro
Fourteen	fór-tín	Catorce

Las 4000 Palabras Más Usadas en Inglés

Fourth	fórth	Cuatro
Fowl	faul	Ave
Foyer	fó-yer	Vestíbulo
Fraction	frák-shon	Fracción
Fracture	frák-chur	Fractura
Fragile	frá-jil	Frágil
Fragrance	fréi-grans	Fragancia
Frailty	fréi-el-ti	Fragilidad
Frame	fréim	Marco
Freckle	fré-kl	Peca
Free	fríi	Gratis
Freedom	frí-dom	Libertad
Freeze	frís	Congelar
Freight	fréit	Transporte
Frequency	fré-kwen-si	Frecuencia
Frequent	fré-kwent	Frecuente
Friction	frík-shon	Fricción
Friend	frénd	Amigo
Frighten	frái-ten	Asustar
Fringe	frínj	Franja
From	from	De
Front	front	Frente
Froth	fróth	Espuma
Frown	fráun	Fruncir el ceño
Frozen	fróu-zen	Congelado
Fruit	frút	Fruta
Frustration	frus-tréi-shon	Frustración
Fry	frái	Freír
Fuel	fíu-el	Combustible
Fugitive	fíu-dji-tiv	Fugitivo
Full	fúl	Lleno
Fumble	fám-bol	Buscar a tientas
Fun	fán	Divertido
Function	fúnk-shon	Función
Functional	fúnk-sho-nal	Funcional
Fund	fánd	Financiar
Fundamental	fan-da-mén-tal	Fundamental
Funeral	fíu-ne-ral	Funeral

Funny	fá-ni	Divertido
Fur	fér	Pelo
Furious	fiú-ri-us	Furioso
Furnace	fér-nes	Horno
Furniture	fér-ni-chur	Muebles
Further	fér-dher	Más
Fury	fiú-ri	Furia
Fuse	fiús	Fusible
Fuselage	fiú-se-laj	Fuselaje
Fusion	fiú-shon	Fusión
Fuss	fas	Escándalo
Futile	fíu-tail	Fútil
Future	fíu-chur	Futuro
Gadget	gá-djet	Artilugio
Gaelic	géi-lik	gaélico
Gaiety	géi-e-ti	Alegría
Gain	géin	Ganar
Gait	géit	Paso
Gale	géil	Vendaval
Gallery	gá-le-ri	Galería
Galley	gá-li	Galera
Gallop	gá-lop	Galope
Galore	ga-lór	En abundancia
Galvanize	gál-va-naiz	Galvanizar
Gamble	gám-bol	Jugar
Game	géim	Juego
Gangrene	gán-grin	Gangrena
Gangster	gáng-ster	Gángster
Gap	gap	Brecha
Gape	geip	Mirar boquiabierto
Garage	gá-rash	Cochera
Garbage	gár-bich	Basura
Garden	gár-den	Jardín
Gargle	gár-gl	Gárgaras
Garland	gár-land	Guirnalda
Garlic	gár-lik	Ajo
Garrison	gá-ri-son	Guarnición
Gate	geit	Puerta

Las 4000 Palabras Más Usadas en Inglés

Gather	gá-ther	Recolectar
Gauge	geich	Indicador
Gaunt	gáunt	Demacrado
Gave	géiv	Dio
Gawky	gó-ki	Desgarbado
Gay	géi	Gay
Gaze	géiz	Mirada
Gear	gír	Engranaje
Gee	djí	Caramba
Geese	gís	Gansos
Gelatin	djé-la-tin	Gelatina
Gem	djem	Joya
Gender	djén-der	Género
Gene	djin	Gene
General	djé-ne-ral	General
Generalize	djé-ne-ra-laiz	Generalizar
Generation	djé-ne-réi-shon	Generación
Generous	djé-ne-rus	Generoso
Genetic	dje-né-tik	Genético
Geniality	dji-nia-lí-ti	Afabilidad
Genius	djí-nius	Genio
Genre	ján-ra	Género
Gentle	djén-tl	Amable
Gentleman	djén-tl-man	Hidalgo
Genuine	djé-niu-in	Genuino
Geography	dji-óg-ra-fi	Geografía
Geology	dji-ó-lo-dji	Geología
Geometry	dji-ó-me-tri	Geometría
Geophysics	dji-o-fí-ziks	Geofísica
Geriatrics	dje-ri-á-triks	Geriatría
Germane	djér-meyn	Relacionado
Germinate	djér-mi-neit	Germinar
Gesticulate	djes-tík-cu-leit	Gesticular
Gesture	djés-chur	Gesto
Geyser	gáis-er	Géiser
Ghastly	gás-li	Horrible
Ghost	góust	Fantasma
Giant	djáy-ant	Gigante

47

Gibberish	djí-be-rish	Algarabía
Gifted	gíf-ted	Dotado
Gigantic	dji-gán-tik	Gigantesco
Giggle	gí-gl	Risilla
Gingerbread	djín-djer-bred	Pan de jengibre
Gingerly	djín-djer-li	Cautelosamente
Girdle	gér-dl	Faja
Girl	gúrl	Chica
Give	gív	Dar
Given	gí-ven	Dado
Glacier	gléi-sher	Glaciar
Glad	glad	Contento
Glade	gleid	Claro
Glance	gláns	Mirada
Glare	glér	Deslumbramiento
Glass	glas	Vaso
Gleam	glím	Destello
Glider	glái-der	Planeador
Glimmer	glí-mer	Luz tenue
Glimpse	glímps	Vistazo
Globe	glóub	Globo
Gloomy	glú-mi	Sombrío
Glorify	gló-ri-fai	Glorificar
Glossy	gló-si	Lustroso
Glove	glóv	Guante
Glow	glóu	Brillo
Glue	glú	Pegamento
Glutton	glá-ton	Glotón
Gnome	nóum	Gnomo
Gnostic	nós-tik	Gnóstico
Go	góu	Ir
Goat	góut	Cabra
Goatee	góu-ti	Barbas de chivo
Gobble	gó-bol	Engullir
Goblet	gób-let	Copa
God	god	Dios
Godlike	gód-laik	Divino
Goggles	gó-gols	Gafas de protección

Gold	góuld	Oro
Goldilocks	góul-di-laks	Encerrada dorada
Good	gúd	Bien
Gooey	gú-i	Pegajoso
Goofy	gú-fi	Mentecato
Gorgeous	gór-yus	Espléndido
Gossip	gó-si	Chisme
Governess	gó-ver-nes	Institutriz
Government	gó-ver-ment	Gobierno
Gown	gáun	Vestido
Grab	grab	Agarrar
Graceful	gréis-ful	Agraciado
Graciously	gréi-shus-li	Graciosamente
Grade	greid	Calificación
Graduate	grá-dju-eit	Graduado
Graggy	grá-gi	Graggy
Grain	grein	Grano
Grammar	grá-mar	Gramática
Grandeur	gran-djór	Grandeza
Grandparents	gránd-pe-rents	Abuelos
Grape	greip	Uva
Grapevine	greip-váin	Vid
Graphic	grá-fik	Gráfico
Grasp	grásp	Comprender
Grasshopper	gráss-ho-per	Saltamontes
Grateful	gréit-ful	Agradecido
Gratitude	grá-ti-tiud	Gratitud
Grave	gréiv	Tumba
Graveyard	gréiv-yard	Cementerio
Gray	gréy	Gris
Graze	gréiz	Pacer
Grease	grís	Grasa
Great	gréit	Excelente
Greedy	grí-di	Avaro
Green	grín	Verde
Greet	grít	Saludar
Greyhound	gréi-jaud	Galgo
Grief	gríf	Dolor

Grievously	grí-vus-li	Crasamente
Grind	gráind	Moler
Groan	gróun	Gemido
Grocery	gróu-se-ri	Tienda de comestibles
Groove	grúv	Ranura
Gross	gróus	Bruto
Grouchy	gráu-chi	Malhumorado
Ground	gráund	Suelo
Group	grup	Grupo
Grow	gróu	Crecer
Growl	grául	Gruñido
Growth	gráuth	Crecimiento
Gruesome	grú-som	Horrible
Grumble	grám-bol	Queja
Grunt	gránt	Gruñido
Guardian	góar-dian	Guardián
Guess	gués	Adivinar
Guest	guest	Invitado
Guidance	gáy-dens	Guía
Guild	gild	Gremio
Guilty	gíl-ti	Culpable
Gun	gun	Pistola
Gurgle	gér-gol	Gorgoteo
Gutter	gát-ter	Canal
Guy	gái	Chico
Gypsy	djíp-si	gitano
Habitual	ha-bích-u-al	Habitual
Haggard	há-gard	Demacrado
Hail	jél	Granizo
Hair	jér	Cabello
Hairdresser	jér-dre-ser	Peluquero
Half	jálf	Medio
Hall	jál	Sala
Hallelujah	ja-le-lú-ya	Aleluya
Hallucination	ja-lu-si-néi-shon	Alucinación
Ham	jam	Jamón
Hamburger	jam-bér-ger	Hamburguesa

Hammer	já-mer	Martillo
Hammock	já-mok	Hamaca
Hand	jand	Mano
Handbook	jánd-buk	Manual
Handcuff	jánd-kóf	Esposar
Handicapped	ján-di-kapt	Minusválido
Handicraft	ján-di-kraft	Artesanía
Handkerchief	ján-ker-chif	Pañuelo
Handle	ján-dol	Manejar
Handout	ján-daut	Folleto
Handsome	ján-som	Elegante
Handy	ján-di	Práctico
Hang	jang	Colgar
Haphazard	jap-já-zard	Al azar
Happen	já-pen	Suceder
Harass	já-ras	Acosar
Harbor	jár-bor	Puerto
Hard	jórd	Duro
Hardly	járd-li	Difícilmente
Harmful	járm-ful	Dañino
Harmonious	jar-mó-ni-us	Armonioso
Harness	jár-nes	Aprovechar
Harpoon	jar-pún	Arpón
Harshness	jársh-nes	Dureza
Harvest	jár-vest	Cosecha
Haste	jéist	Prisa
Hasten	jés-ten	Acelerar
Hat	jat	Sombrero
Hatch	jach	Escotilla
Hatchet	ját-chet	Hacha
Hate	jéit	Odiar
Hatred	jéi-tred	Odio
Haunted	jón-ted	Obsesionado
Hawk	jók	Halcón
Hay	jéi	Heno
Hazard	já-zard	Peligro
Hazel	jéi-zel	Color avellana
Hazy	jéi-zi	Brumoso

Las 4000 Palabras Más Usadas en Inglés

Headache	jéd-eik	Dolor de cabeza
Headquarters	jéd-kwar-ters	Sede
Heal	jil	Sanar
Health	jélth	Salud
Heap	jíip	Montón
Hear	jiér	Escuchar
Heart	járt	Corazón
Hearth	járth	Hogar
Heat	jít	Calor
Heave	jíiv	Tirón
Heaven	jé-ven	Cielo
Heavy	jé-vi	Pesado
Hedge	jédj	Cobertura
Heed	jid	Atención
Heel	jil	Tacón
Height	jáit	Altura
Heir	ér	Heredero
Hell	jel	Infierno
Helmet	jél-met	Casco
Help	jélp	Ayuda
Helpless	jél-pless	Indefenso
Hemisphere	jé-mi-sfer	Hemisferio
Hence	jéns	Por eso
Herb	herb (or ér-b depending on dialect)	Hierba
Herdsman	hérdz-man	Pastor
Here	jír	Aquí
Heritage	héri-teich	Herencia
Hermit	hér-mit	Ermitaño
Hero	jé-ro	Héroe
Heroic	je-ró-ik	Heroico
Hesitant	jési-tant	Vacilante
Hesitate	jési-teit	Dudar
Hide	jáid	Esconder
Hierarchy	hái-e-ra-ki	Jerarquía
High	hái	Alto
Highlander	hái-lan-der	montañés

Highway	hái-wéi	Carretera
Hijack	hái-jak	Secuestrar
Hike	jáik	Caminata
Hilarious	ji-lé-ri-us	Gracioso
Hill	jil	Colina
Hind	jáind	Posterior
Hindsight	háind-sait	Comprensión retrospectiva
Hinge	jínj	Bisagra
Hire	jáir	Contratar
History	jís-to-ri	Historia
Hit	jít	Golpear
Hitch	jích	Enganche
Hive	jaiv	Colmena
Hoarse	jóars	Ronco
Hobby	já-bi	Pasatiempo
Hoe	jóu	Azada
Hog	jog	Cerdo
Hoist	jóist	Izar
Hold	jóuld	Sostener
Holdup	jóld-ap	Sostener
Hole	jóul	Agujero
Holiday	hó-li-dei	Día festivo
Holiness	hó-li-ness	Santidad
Hollow	hó-lo	Hueco
Holocaust	hó-lo-kost	Holocausto
Holy	hó-li	Santo
Homage	hó-mich	Homenaje
Home	hóum	Hogar
Homely	hóum-li	Acogedor
Honesty	hó-nes-ti	Honestidad
Honey	jó-ni	Miel
Honorable	hó-ne-ra-bol	Honorable
Hood	júd	Capucha
Hoof	júf	Casco
Hook	júk	Gancho
Hop	jóp	Brincar
Hope	jóup	Esperanza

Horizon	ho-rái-zon	Horizonte
Horizontal	ho-ri-zón-tal	Horizontal
Horn	jorn	Bocina
Hornet	jór-net	Avispón
Horoscope	hó-ro-skoup	Horóscopo
Horrible	hó-ri-bol	Horrible
Horse	hors	Caballo
Hospitality	ho-spi-tá-li-ti	Hospitalidad
Hostility	hos-tí-li-ti	Hostilidad
Hot	jot	Caliente
Hound	jaund	Sabueso
Hour	aú-er	Hora
Hourglass	aú-er-glás	Reloj de arena
House	jáus	Casa
However	jaú-e-ver	Sin embargo
Howl	jául	Aullido
Huddle	jú-dol	Grupo
Hug	jág	Abrazo
Huge	hiúdj	Enorme
Hum	jam	Tararear
Human	jú-man	Humano
Humane	ju-méin	Humano
Humanity	ju-má-ni-ti	Humanidad
Humble	júm-bol	Humilde
Humdrum	jóm-drum	Monótono
Humidity	hiu-mí-di-ti	Humedad
Humiliate	hiu-mí-li-eit	Humillar
Humility	hiu-mí-li-ti	Humildad
Humor	jú-mor	Humor
Hunchback	jónch-bak	Jorobado
Hundred	jóndred	Centenar
Hunger	jóng-er	Hambre
Hungry	jón-gri	Hambriento
Hunter	jón-ter	Cazador
Hurdle	jér-dol	Obstáculo
Hurl	jórl	Lanzar
Hurricane	jú-ri-kein	Huracán
Hurry	jó-ri	Apurarse

Hurt	jért	Herir
Husband	jós-band	Marido
Hush	josh	Cállate
Hustle	jó-sel	Ajetreo
Hyena	jai-í-na	Hiena
Hygiene	jai-djíin	Higiene
Hymn	jim	Himno
Hyphen	hái-fen	Guión
Hypnosis	jip-nó-sis	Hipnosis
Hypnotherapy	jip-no-thé-ra-pi	Hipnoterapia
Hypocrisy	ji-pó-kra-si	Hipocresía
Hypocrite	jí-po-krit	Hipócrita
Hysteria	jis-té-ri-a	Histeria
Ice	áis	Hielo
Icicle	ái-si-kl	Carámbano
Icing	ái-sing	Formación de hielo
Idea	ai-día	Idea
Identical	ai-dén-ti-kal	Idéntico
Identify	ai-dén-ti-fai	Identificar
Idle	ái-dol	Inactivo
Ignite	ig-náit	Encender
Ignition	ig-ní-shon	Encendido
Ignorance	íg-no-rans	Ignorancia
Illegal	i-lí-gal	Ilegal
Illiterate	i-lí-te-ret	Analfabeto
Illness	íl-ness	Enfermedad
Illuminate	i-lú-mi-neit	Iluminar
Illusion	i-lú-shon	Espejismo
Illustrate	í-lus-treit	Ilustrar
Image	í-mich	Imagen
Imaginary	i-mád-dji-na-ri	Imaginario
Imitate	í-mi-teit	Imitar
Immaturity	i-ma-chú-ri-ti	Inmadurez
Immediately	i-mí-di-et-li	Inmediatamente
Immensity	i-mén-si-ti	Inmensidad
Immigration	i-mi-gréi-shon	Inmigración
Immobilize	i-móu-bi-laiz	Inmovilizar
Immoderate	i-mó-de-ret	Inmoderado

Immoral	i-mó-ral	Inmoral
Immunity	i-miú-ni-ti	Inmunidad
Impartial	im-pár-shal	Imparcial
Impatient	im-pé-shent	Impaciente
Impeach	im-pích	Procesar
Impenetrable	im-pé-ne-tra-bol	Impenetrable
Imperative	im-pé-ra-tiv	Imperativo
Imperial	im-pí-ri-al	Imperial
Impetuous	im-pé-chu-us	Impetuoso
Impinge	im-pínch	Afectar a
Imply	im-plái	Implicar
Impose	im-póus	Imponer
Impossible	im-pó-si-bol	Imposible
Impostor	im-pós-tor	Impostor
Impoverish	im-pó-ve-rish	Empobrecer
Imprison	im-prí-son	Encarcelar
Improve	im-prúv	Mejorar
Impudent	ím-piu-dent	Impudente
Impulse	ím-puls	Impulso
Inability	in-a-bí-li-ti	Incapacidad
Inadequate	in-á-de-kuet	Inadecuado
Inalienable	in-éi-li-a-na-bol	Inalienable
Inapplicable	in-a-plí-ka-bol	Inaplicable
Inattentive	in-a-tén-tiv	Inatento
Inaugural	in-ó-gu-ral	Inaugural
Inborn	in-bórn	Innato
Incalculable	in-kál-kiu-la-bol	Incalculable
Incapable	in-kéi-pa-bol	Incapaz
Incision	in-sí-shon	Incisión
Incite	in-sáit	Incitar
Incline	in-kláin	Inclinación
Include	in-klúd	Incluir
Incoherence	in-kó-hi-rens	Incoherencia
Income	ín-kom	Ingreso
Inconceivable	in-kon-sí-va-bol	Inconcebible
Incongruous	in-kón-gru-us	Incongruente
Inconsiderate	in-kon-sí-de-ret	Desconsiderado
Inconsistent	in-kon-sís-tent	Inconsistente

Inconstancy	in-kón-stan-si	Inconstancia
Inconvenience	in-kon-ví-niens	Inconveniencia
Incorporate	in-kór-po-reit	Incorporar
Increase	in-krís	Aumentar
Incredulity	in-kre-djú-li-ti	Incredulidad
Indebted	in-déb-ted	Endeudado
Indecisive	in-de-sái-siv	Indeciso
Indeed	in-díd	En efecto
Indefinite	in-dé-fi-nit	Indefinido
Indicate	ín-di-keit	Indicar
Individuality	in-di-ví-dju-a-lí-ti	Individualidad
Indulgent	in-dól-djent	Indulgente
Industrial	in-dús-tri-al	Industrial
Inexorable	in-éks-ra-bol	Inexorable
Inferior	in-fí-ri-or	Inferior
Infinite	ín-fi-nit	Infinito
Infirmary	in-fér-ma-ri	Enfermería
Inflammatory	in-flá-ma-to-ri	Inflamatorio
Infringe	in-frínj	Infringir
Infuriate	in-fiú-ri-eit	Enfurecer
Ingenious	in-djé-ni-us	Ingenioso
Inhabitant	in-há-bi-tant	Habitante
Inhale	in-héil	Inhalar
Inherit	in-hé-rit	Heredar
Initial	in-í-shal	Inicial
Injury	ín-dju-ri	Lesión
Inkling	ínk-ling	Indicio
Inoculate	in-ó-kju-leit	Inocular
Inquire	in-kuáir	Preguntar
Insane	in-séin	Loco
Insanity	in-sá-ni-ti	Locura
Insatiable	in-séi-sha-bol	Insaciable
Inside	ín-said	Adentro
Inspire	in-spáir	Inspirar
Install	in-stól	Instalar
Instead	in-stéd	En cambio
Instigate	ín-sti-geit	Instigar
Institution	in-stí-tju-shon	Institución

Instructive	in-strúk-tiv	Instructivo
Insurance	in-shú-rans	Seguro
Integrate	ín-te-greit	Integrar
Intellectual	in-te-lék-chu-al	Intelectual
Intelligence	in-té-li-djens	Inteligencia
Intentional	in-tén-sho-nal	Intencional
Interlude	ín-ter-lud	Interludio
Interview	ín-ter-viu	Entrevista
Intrigue	in-tríig	Intriga
Introduce	in-tró-duus	Introducir
Intuition	in-tu-í-shon	Intuición
Invaluable	in-vá-lu-a-bol	Inestimable
Invariably	in-vá-ria-bli	Invariablemente
Inversion	in-vér-shon	Inversión
Investigate	in-vés-ti-geit	Investigar
Invite	in-váit	Invitar
Invoice	ín-vois	Factura
Invoke	in-vóuk	Invocar
Involve	in-vólv	Involucrar
Ionosphere	ai-ó-no-sfír	Ionosfera
Irascible	i-rás-si-bol	Irascible
Iron	ái-ron	Hierro
Ironical	ai-ró-ni-kal	Irónico
Irrational	i-rá-sho-nal	Irracional
Irrefutable	i-rre-fiú-ta-bol	Irrefutable
Irreplaceable	i-rre-pléi-sa-bol	Insustituible
Irresistible	i-rre-sís-ti-bol	Irresistible
Irrevocable	i-rre-vó-ka-bol	Irrevocable
Irrigate	í-rri-geit	Irrigar
Irritate	í-rri-teit	Irritar
Island	ái-land	Isla
Isolate	í-so-leit	Aislar
Issue	í-shu	Asunto
Item	ái-tem	Artículo
Itinerary	ai-tí-ne-ra-ri	Itinerario
Ivory	ái-vo-ri	Marfil
Ivy	ái-vi	Hiedra
Jabber	já-ber	Farfullar

Las 4000 Palabras Más Usadas en Inglés

Jacket	já-ket	Chaqueta
Jackpot	ják-pot	Bote
Jaguar	já-gwar	Jaguar
Jail	jéil	Celda
Jam	yam	Atasco
January	ján-iu-e-ri	Enero
Japanese	já-pa-nís	japonés
Jaw	yó	Mandíbula
Jealous	djé-lus	Celoso
Jerk	djérk	Idiota
Jewel	djú-wel	Joya
Jingle	djín-gl	Tintineo
Job	job	Trabajo
Join	jóin	Unirse
Joint	joint	Articulación
Joke	jóuk	Broma
Jolt	jóult	Sacudida
Jostle	jóst-l	Empujar
Journal	djúr-nal	Diario
Journalism	djúr-na-lism	Periodismo
Journey	djúr-ni	Viaje
Joy	jói	Alegría
Joyous	jói-us	Jubiloso
Jubilee	djú-bi-li	Aniversario
Judge	djádj	Juez
Judgement	djádj-ment	Juicio
Juggler	djág-ler	Malabarista
Juice	djús	Jugo
July	djú-lai	Julio
Jumble	jóm-bol	Revoltijo
Jump	jomp	Saltar
Junk	junk	Basura
Just	djúst	Justo
Justice	djús-tis	Justicia
Kaleidoscope	ka-lái-do-skóup	Caleidoscopio
Kangaroo	kán-ga-ru	Canguro
Keel	kíil	Quilla
Keen	kín	Afecto

Keep	kíip	Mantener
Kennel	ké-nel	Perrera
Kernel	kér-nel	Núcleo
Kettle	ké-tl	Pava
Kettledrum	ké-tl-drum	Timbal
Key	kíi	Llave
Keyboard	kíi-bord	Teclado
Keynote	kíi-nout	Fundamental
Kick	kíik	Patada
Kid	kíid	Niño
Kidnap	kíid-nap	Secuestrar
Kidney	kíid-ni	Riñón
Kill	kíil	Matar
Kind	káind	Amable
Kindle	kín-dol	Encender
King	kíng	Rey
Kingdom	kíng-dom	Reino
Kinship	kín-ship	Parentesco
Kiss	kis	Beso
Kit	kit	Equipo
Kitchen	kích-en	Cocina
Kite	káit	Cometa
Kitten	kí-ten	Gatito
Knack	knák	Maña
Knee	níi	Rodilla
Kneel	níil	Arrodillarse
Knife	náif	Cuchillo
Knight	náit	Caballero
Knit	nít	Tejer
Knob	nob	Perilla
Knock	nok	Golpear
Knot	not	Nudo
Know	nóu	Saber
Know-how	nóu-jau	Saber cómo
Knuckles	nókls	Nudillos
Label	léi-bol	Etiqueta
Labor	lá-bor	Mano de obra
Laboratory	lá-bo-ra-to-ri	Laboratorio

Las 4000 Palabras Más Usadas en Inglés

Lace	leis	Cordón
Lack	lak	Falta
Lad	lad	Muchacho
Ladder	lá-der	Escalera
Lady	léi-di	Dama
Lake	leik	Lago
Lamb	lam	Cordero
Lame	leim	Aburrido
Lament	la-ment	Lamento
Lamp	lamp	Lámpara
Land	land	Tierra
Landlord	lánd-lord	Propietario
Landmark	lánd-mark	Marca
Landscape	lánd-skeip	Paisaje
Landslide	lánd-sláid	Corrimiento de tierras
Lane	lein	carril
Language	lán-gueidj	Idioma
Lantern	lán-tern	Linterna
Lap	láp	Regazo
Lapse	láps	Lapso
Large	lárdj	Grande
Laser	léi-ser	Láser
Last	lást	Último
Late	leit	Tarde
Laugh	láf	Reír
Launch	lánch	Lanzamiento
Laundry	lán-dri	Lavadero
Law	ló	Ley
Lawn	lón	Césped
Lawnmower	lón-mo-er	Cortadora de césped
Lawsuit	ló-su-it	Pleito
Lawyer	lói-er	Abogado
Lay	léi	Poner
Layout	léi-aut	Disposición
Lazy	léi-zi	Perezoso
Lead	líid	Dirigir

61

Leader	líi-der	Líder
Leaf	líif	Hoja
Leaflet	líif-let	Prospecto
League	líig	Liga
Leak	lík	Filtración
Lean	lín	Inclinarse
Leap	líip	Salto
Learn	lern	Aprender
Lease	lís	Alquiler
Leash	líish	Correa
Least	líist	El menos
Leather	lé-ther	Cuero
Leave	líiv	Dejar
Lecture	lék-chur	Conferencia
Left	léft	Izquierda
Leg	leg	Pierna
Legal	líi-gal	Legal
Legend	lé-djend	Leyenda
Legion	líi-djon	Legión
Legislator	lé-djis-léi-tor	Legislador
Legitimate	le-djí-ti-mit	Legítimo
Leisure	léi-zher	Ocio
Lemon	lé-mon	Limón
Length	léngth	Longitud
Lesson	lé-son	Lección
Letter	lé-ter	Carta
Level	lé-vol	Nivel
Liability	lai-a-bí-li-ti	Responsabilidad
Liaison	léi-a-son	Enlace
Liberty	lí-ber-ti	Libertad
Library	lái-bre-ri	Biblioteca
License	lái-sens	Licencia
Lick	lík	Lamer
Lid	lid	Tapa
Lie	lái	Mentir
Lieutenant	lu-té-nent	Teniente
Life	láif	Vida
Lift	líft	Elevar

Light	láit	Luz
Like	láik	Como
Likely	láik-li	Probable
Limb	límb	Miembro
Lime	láim	Cal
Limelight	láim-láit	Luz de calcio
Limestone	láim-stoun	Caliza
Limit	lí-mit	Límite
Line	láin	Línea
Linger	lín-ger	Persistir
Linguistics	lin-gwís-tiks	Lingüística
Link	línk	Enlace
Lion	lái-on	León
Listen	lí-sen	Escuchar
Literature	lí-te-ra-chur	Literatura
Lithography	li-thóg-ra-fi	Litografía
Little	lí-tol	Pequeño
Live	láiv	Vivir
Liver	lí-ver	Hígado
Livingroom	lí-ving-rum	Sala de estar
Lizard	lí-zard	Lagarto
Load	lóud	Carga
Loaf	lóuf	Barra
Loan	lóun	Préstamo
Loathsome	lóuth-som	Repugnante
Lobby	ló-bi	Vestíbulo
Lobster	lóbs-ter	Langosta
Location	lo-kéi-shon	Ubicación
Lock	lók	Cerrar
Lodge	lodj	Presentar
Loft	lóft	Desván
Lofty	lóf-ti	Elevado
Log	log	Registro
Logbook	lógbuk	Cuaderno
Logic	ló-jik	Lógica
Lollipop	ló-li-pop	Chupete
Loneliness	lóun-li-nes	Soledad
Long	lóng	Largo

Las 4000 Palabras Más Usadas en Inglés

Look	lúuk	Mirar
Loom	lúum	Telar
Loop	lúup	Bucle
Loose	lúus	Perder
Loot	lúut	Botín
Lord	lord	Caballero
Lose	lúus	Perder
Loss	lós	Pérdida
Lost	lóust	Perdido
Lot	lót	Lote
Loud	láud	Alto
Loudspeaker	láud-spí-ker	Altoparlante
Lounge	láun-dj	Salón
Lousy	láu-si	Malísimo
Love	lóv	Amar
Low	lóu	Bajo
Loyal	lói-al	Leal
Luck	lók	Suerte
Lukewarm	lúuk-warm	Tibio
Lullaby	lú-la-bai	Canción de cuna
Lumber	lúm-ber	Maderas
Lumberjack	lúm-ber-jak	Leñador
Lump	lúmp	Bulto
Lung	lúng	Pulmón
Lurk	lérk	Estar al acecho
Luxurious	lug-sú-ri-us	Lujoso
Machine	ma-shín	Máquina
Machine-gun	ma-shín-gón	Ametralladora
Machinery	ma-shí-ne-ri	Maquinaria
Mad	mad	Enojado
Magazine	má-ga-sin	Revista
Magic	má-djik	Magia
Magistrate	má-djis-treit	Magistrado
Magnate	mág-neit	Magnate
Magnesia	mág-ni-sha	Magnesia
Magnetism	mág-ne-tizm	Magnetismo
Magnitude	mág-ni-túd	Magnitud
Maid	meid	Mucama

Maiden	méi-den	Doncella
Mail	meil	Correo
Main	mein	Principal
Maintain	mein-téin	Mantener
Maintenance	mein-té-nens	Mantenimiento
Majestic	ma-djés-tik	Majestuoso
Major	méi-djor	Importante
Make	meik	Hacer
Makeup	méik-ap	Constituir
Male	méil	Masculino
Malice	má-lis	Malicia
Mall	mol	Centro comercial
Man	man	Hombre
Manage	má-nadj	Administrar
Mandatory	mán-da-to-ri	Obligatorio
Maneuver	ma-nú-ver	Maniobra
Manhood	mán-jud	Virilidad
Manifest	má-ni-fest	Manifiesto
Manipulate	ma-ní-pju-leit	Manipular
Manner	má-ner	Manera
Mannered	má-ne-red	Amanerado
Manpower	mán-pau-er	Mano de obra
Mansion	mán-shon	Palacio
Mantelpiece	mán-tol-pís	Manto de chimenea
Mantle	mán-tol	Manto
Manual	mán-jual	Manual
Manufacture	ma-nu-fák-chur	Fabricar
Many	mé-ni	Muchos
Marble	már-bol	Mármol
Margin	már-djin	Margen
Markedly	már-kid-li	Marcadamente
Market	már-ket	Mercado
Marketing	már-ke-ting	Marketing
Marriage	má-ridj	Casamiento
Marvelous	már-ve-lus	Maravilloso
Masonry	méi-son-ri	Albañilería
Massacre	más-sa-ker	Masacre
Massage	má-sash	Masaje

Master	má-ster	Maestro
Masterpiece	má-ster-pís	Obra maestra
Match	match	Fósforo
Material	ma-tí-ri-al	Material
Maternity	ma-tér-ni-ti	Maternidad
Mathematics	ma-the-má-tiks	Matemáticas
Matter	má-ter	Asunto
Mature	ma-chúr	Maduro
May	méi	Puede
Meager	míi-ger	Pobre
Meal	míil	Comida
Mean	mín	Significar
Means	míins	Medio
Meantime	mín-taim	Mientras tanto
Measles	míi-sols	Sarampión
Measure	mé-zher	Medida
Meat	mít	Carne
Mechanic	me-ká-nik	Mecánico
Mediator	mí-di-ei-tor	Mediador
Medical	mé-di-kal	Médico
Medicate	mé-di-keit	Impregnar
Mediocrity	mí-di-o-kri-ti	Mediocridad
Meditate	mé-di-teit	Meditar
Meet	míit	Encontrarse
Meeting	míi-ting	Reunión
Melody	mé-lo-di	Melodía
Melt	melt	Derretir
Member	mém-ber	Miembro
Memory	mé-mo-ri	Memoria
Menace	mé-nas	Amenaza
Mend	mend	Remiendo
Mention	mén-shon	Mencionar
Merchandise	mér-chan-daiz	Mercancías
Mercy	mér-si	Merced
Merger	mér-djer	Fusión
Mess	mes	Desorden
Message	mé-sa-dj	Mensaje
Metalic	me-tá-lik	Metálico

Metallurgy	me-tá-lur-dji	Metalurgia
Metaphor	mé-ta-for	Metáfora
Meteorite	mí-ti-o-raít	Meteorito
Meter	mí-ter	Metro
Method	mé-thod	Método
Microscope	mái-kro-skóup	Microscopio
Middle	mí-dol	Medio
Midget	mí-djet	Enano
Might	máit	Podría
Mighty	mái-ti	Poderoso
Migraine	mí-grain	Migraña
Migrate	mái-greit	Emigrar
Mild	maild	Leve
Mile	máil	Milla
Military	mí-li-te-ri	Militar
Milk	milk	Leche
Mill	mil	Molino
Millionaire	míl-yo-ner	Millonario
Mincemeat	míns-mít	Carne picada
Mind	máind	Mente
Mine	máin	Mío
Mingle	míng-gl	Mezclar
Minister	mí-ni-ster	Ministro
Minor	mái-nor	Menor
Minority	mái-no-ri-ti	Minoría
Minute	mí-nut	Minuto
Miracle	mí-ra-kl	Milagro
Mirror	mí-ror	Espejo
Mischivous	mí-schi-vus	travieso
Miserable	mí-se-ra-bol	Miserable
Misfortune	mis-fór-chun	Desgracia
Mishief	mí-schif	ladrón
Miss	mis	Extrañar
Mistake	mis-téik	Error
Misterioso	mis-te-ri-ó-so	Misterioso
Mistrust	mis-trúst	Desconfianza
Misty	mís-ti	Brumoso
Misunderstand	mis-un-der-stánd	Entender mal

Mixture	míks-chur	Mezcla
Moan	món	Gemir
Mock	mók	Imitar
Moderate	mó-de-ret	Moderado
Modern	mó-dern	Moderno
Modest	mó-des	Modesto
Modify	mó-di-fai	Modificar
Moist	móist	Húmedo
Mold	móuld	Moho
Molten	móul-ten	Fundido
Moment	móu-ment	Momento
Monarchy	mó-nar-ki	Monarquía
Monastery	mó-na-ste-ri	Monasterio
Monday	món-dei	Lunes
Money	mó-ni	Dinero
Monkey	móng-ki	Mono
Monopoly	mo-nó-po-li	Monopolio
Monster	món-ster	Monstruo
Month	mónth	Mes
Monument	mó-nju-ment	Monumento
Mood	múud	Ánimo
Moon	múun	Luna
Morality	mo-rá-li-ti	Moralidad
Morass	mó-ras	Pantano
More	mór	Más
Morning	mó-ning	Mañana
Mortality	mor-tá-li-ti	Mortalidad
Mortgage	mór-geidj	Hipoteca
Most	móust	Mayoría
Mother	mó-ther	Madre
Motion	móu-shon	Movimiento
Motive	móu-tiv	Motivo
Motor	móu-ter	Motor
Mound	máund	Montículo
Mountain	máun-ten	Montaña
Mourn	mórn	Llorar
Mouse	máus	Ratón
Mouth	máuth	Boca

Move	múuv	Mover
Movie	múu-vi	Película
Mower	máu-er	Cortacésped
Much	mach	Mucho
Muddy	má-di	Enturbiar
Muffle	máf-fol	Amortiguar
Multiple	múlti-pol	Múltiple
Multiply	múlti-plai	Multiplicar
Mumble	mám-bol	Mascullar
Municipal	mu-ní-si-pal	Municipal
Murder	mér-der	Asesinato
Muscle	másl	Músculo
Museum	miu-sí-em	Museo
Mushroom	mùsh-rum	Champiñón
Musical	miú-zi-kal	Musical
Must	mást	Debe
Mustache	más-tash	Bigote
Mustard	más-tard	Mostaza
Mutation	miu-téi-shon	Mutación
Mutiny	miú-ti-ni	Motín
Mutual	miú-chu-al	Mutual
Myriad	mí-ri-ad	Miríada
Myself	mái-self	Mí mismo
Mysterious	mis-tí-ri-us	Misterioso
Mythology	mith-ól-lo-dji	Mitología
Nail	néil	Clavo
Naive	nái-iv	Ingenuo
Naked	néi-ked	Desnudo
Name	néim	Nombre
Nap	nap	Siesta
Napkin	náp-kin	Servilleta
Narrative	ná-ra-tiv	Narrativo
Narrow	ná-ro	Angosto
Nasty	nás-ti	Asqueroso
Nation	néi-shon	Nación
National	ná-sho-nal	Nacional
Native	néi-tiv	Nativo
Natural	ná-chu-ral	Natural

Nature	néi-chur	Naturaleza
Nausea	nó-si-a	Náuseas
Navigate	ná-vi-geit	Navegar por
Navy	néi-vi	Marina de guerra
Near	nír	Cerca
Neat	nít	Limpio
Necessary	né-se-sé-ri	Necesario
Neck	nék	Cuello
Necklace	nék-les	Collar
Necktie	nék-tai	Corbata
Need	níd	Necesidad
Needle	ní-dol	Aguja
Neglect	neg-lékt	Descuido
Negligent	nég-li-yent	Negligente
Negotiate	ne-góu-shi-eit	Negociar
Neighbor	néi-bor	Vecino
Neither	ní-der / nái-der	Ni
Nephew	né-fiu	Sobrino
Nervous	nér-ves	Nervioso
Nest	nést	Nido
Network	nét-wuork	Red
Neurologist	niu-ró-lo-yist	Neurólogo
Neutralize	nú-tru-laiz	Neutralizar
Never	né-ver	Nunca
New	niú	Nuevo
News	niús	Noticias
Next	nékst	Próximo
Nice	náis	Lindo
Nickel	ní-kol	Níquel
Nickname	ník-neim	Apodo
Night	náit	Noche
Nine	náin	Nueve
Nineteen	nain-tín	Diecinueve
Nitrogen	nái-tro-yen	Nitrógeno
Nobility	no-bí-li-ti	Nobleza
Nobody	nóu-bá-di	Nadie
Noise	nóis	Ruido
None	non	Ninguno

Nonsense	nón-sens	Disparates
Noon	nún	Mediodía
Noose	nús	Nudo corredizo
North	nórz	Norte
Nose	nóuz	Nariz
Nostril	nós-tril	Nariz
Notarize	nóu-ta-raiz	Certificar por notario
Note	nóut	Nota
Nothing	ná-zin	Nada
Notice	nó-tis	Aviso
Notify	nó-ti-fai	Notificar
Notion	nó-shon	Noción
Notorious	no-tó-ries	Notorio
Noun	náun	Sustantivo
Nourish	nóu-rish	Nutrir
Novelist	nó-ve-list	Novelista
Novelty	nó-vel-ti	Novedad
Now	náu	Ahora
Nowhere	nóu-wér	En ningún lugar
Nuclear	nú-kliar	Nuclear
Nudge	nách	Empujar
Nugget	nág-et	Pepita
Nuisance	núi-sans	Tontería
Numb	nám	Adormecer
Number	nám-ber	Número
Numerical	nu-mé-ri-kal	Numérico
Nurse	nérs	Enfermero
Nut	nát	Tuerca
Nutrition	niu-trí-shon	Nutrición
Oak	ók	Roble
Oar	ór	Remo
Oat	óut	Avena
Oath	óuz	Juramento
Obedient	o-bí-di-ent	Obediente
Obey	o-béi	Cumplir
Object	ób-yect	Objeto
Obligation	ob-li-géishon	Obligación

Oblivion	ob-lí-vion	Olvido
Obscure	ob-skiúr	Oscuro
Observatory	ob-sér-va-to-ri	Observatorio
Observe	ob-sérv	Observar
Obsession	ob-sé-shon	Obsesión
Obstacle	óbs-ta-col	Obstáculo
Obstinate	óbs-ti-neit	Obstinado
Obstruction	obs-trúk-shon	Obstrucción
Obtain	ob-téin	Obtener
Obvious	ób-vios	Obvio
Occasion	o-kéi-shon	Ocasión
Occlusion	o-klú-shon	Oclusión
Occupy	ó-cu-pai	Ocupar
Occur	o-kér	Ocurrir
Ocean	ó-shan	Océano
Octagon	ók-ta-gon	Octágono
October	ók-tou-ber	Octubre
Octopus	ók-to-pus	Pulpo
Odd	ód	Extraño
Odontology	o-don-tó-lo-yí	Odontología
Of	ov	De
Off	óf	Apagado
Offend	o-fénd	Ofender
Offer	ó-fer	Oferta
Office	ó-fi-s	Oficina
Officer	ó-fi-ser	Oficial
Official	o-fí-shal	Oficial
Often	óf-ten	A menudo
Oil	óil	Aceite
Okay	óu-kéi	Bueno
Old	óuld	Viejo
Olive	ó-liv	Aceituna
Ominous	ó-mi-nos	Ominoso
On	on	En
Once	uáns	Una vez
One	wón	Uno
Onion	ó-ni-on	Cebolla
Only	ón-li	Solo

Open	óu-pen	Abierto
Opening	óu-pe-ning	Apertura
Openness	óu-pen-nes	Franqueza
Opera	ó-pe-ra	Ópera
Operate	óu-pe-reit	Funcionar
Operation	óu-pe-réi-shon	Operación
Opinion	o-pí-nion	Opinión
Opponent	o-póu-nent	Adversario
Opportunity	o-por-tú-ni-ti	Oportunidad
Opposite	ó-po-sit	Opuesto
Optician	op-tí-shan	Óptico
Optimism	óp-ti-mism	Optimismo
Option	óp-shon	Opción
Or	ór	O
Orange	ó-rendch	Naranja
Orbit	ór-bit	Órbita
Orchestra	ór-kes-tra	Orquesta
Order	ór-der	Orden
Ordinary	ór-di-ne-ri	Común
Organization	or-ga-nai-zéi-shon	Organización
Organize	ór-ga-naiz	Organizar
Origin	ó-ri-yin	Origen
Ornery	ór-ne-ri	Desagradable
Orphanage	ór-fa-nich	Orfanato
Other	ó-der	Otro
Ought	ót	Debería
Ounce	áuns	Onza
Our	áur	Nuestro
Out	áut	Afuera
Outcome	áut-kam	Resultado
Outfit	áut-fit	Atuendo
Outline	áut-lain	Describir
Outlook	áut-luk	Perspectiva
Output	áut-put	Producción
Outrageous	aut-réi-yus	Indignante
Outside	áut-said	Afuera
Outstanding	aut-stán-ding	Pendiente
Oven	ó-ven	Horno

Las 4000 Palabras Más Usadas en Inglés

Over	ó-ver	Encima
Overcast	ó-ver-kast	Nublado
Overcoat	ó-ver-kout	Sobretodo
Overhaul	ó-ver-hól	Revisión
Overview	ó-ver-víu	Descripción general
Overwhelm	ó-ver-juelm	Abrumar
Owl	ául	Búho
Own	óun	Propio
Owner	óu-ner	Dueño
Oxygen	ó-ksi-yen	Oxígeno
Oyster	ói-ster	Ostra
Pace	péis	Paso
Pacemaker	péis-méiker	Marcapasos
Pacific	pa-sí-fik	Pacífico
Pack	pák	Embalar
Package	pá-ka-dch	Paquete
Pagan	péi-gan	Pagano
Page	péich	Página
Pain	péin	Dolor
Paint	péint	Pintar
Palace	pá-las	Palacio
Palate	pá-lat	Paladar
Pale	péil	Pálido
Pamphlet	pám-flet	Folleto
Panther	pán-zer	Pantera
Pantry	pán-tri	Despensa
Paper	péi-per	Papel
Parachute	pá-ra-shut	Paracaídas
Parade	pa-réid	Desfile
Paradise	pá-ra-dais	Paraíso
Paragraph	pá-ra-graf	Párrafo
Paralyze	pé-ra-laiz	Paralizar
Parasite	pá-ra-sait	Parásito
Parent	pé-rent	Padre
Parish	pé-rish	Parroquia
Parlor	pár-lor	Salón
Parrot	pá-rot	Loro
Part	part	Parte

Las 4000 Palabras Más Usadas en Inglés

Partial	pár-shal	Parcial
Particular	par-tí-cu-lar	Particular
Partner	párt-ner	Pareja
Party	pár-ti	Fiesta
Pass	pás	Aprobar
Passage	pá-sa-dch	Paso
Passenger	pá-sen-dcher	Pasajero
Passion	pá-shon	Pasión
Passport	pás-port	Pasaporte
Past	pást	Pasado
Pastry	pés-tri	Pasteles
Patch	pách	Parche
Path	páth	Camino
Patience	pé-shens	Paciencia
Patriot	pá-tri-ot	Patriota
Patron	pá-tron	Patrón
Pattern	pá-tern	Patrón
Pause	póz	Pausa
Pavement	péiv-ment	Acera
Paw	pó	Pata
Pay	péy	Pagar
Payroll	péi-rol	Nómina de sueldos
Peace	pís	Paz
Peach	pích	Durazno
Peacock	pí-cok	Pavo real
Peak	pík	Cima
Peanut	pí-nat	Maní
Pearl	pérl	Perla
Pebble	pé-bol	Guijarro
Peculiar	pe-kíu-liar	Peculiar
Peddler	péd-ler	Vendedor ambulante
Peek	pík	Ojeada
Peel	píl	Cáscara
Peer	pír	Par
Penny	pé-ni	Centavo
People	pí-pol	Gente
Pepper	pé-per	Pimienta

Las 4000 Palabras Más Usadas en Inglés

Perceive	per-sív	Percibir
Percentage	per-sén-tich	Porcentaje
Perfect	pér-fekt	Perfecto
Perform	per-fórm	Llevar a cabo
Performance	per-fór-man(t)s	Actuación
Period	pí-ri-od	Período
Perish	pé-rish	Perecer
Permeate	pér-mi-eit	Impregnar
Permission	per-mí-shon	Permiso
Perpetuate	per-pé-chu-eit	Perpetuar
Persistence	per-sís-tens	Persistencia
Person	pér-son	Persona
Personality	per-so-ná-li-ti	Personalidad
Personnel	pér-so-nel	Personal
Perspective	per-spék-tiv	Perspectiva
Persuade	per-suéid	Persuadir
Perversity	per-vér-si-ti	Perversidad
Petition	pe-tí-shon	Petición
Petty	pé-ti	Insignificante
Pharmacologist	far-ma-kó-lo-yist	Farmacólogo
Phase	féis	Fase
Philanthropy	fi-lán-thro-pi	Filantropía
Phone	fón	Teléfono
Photocopy	fó-to-ka-pi	Fotocopia
Photographer	fó-to-gra-fer	Fotógrafo
Phrase	fréis	Frase
Physical	fí-si-kal	Físico
Physician	fi-sí-shan	Médico
Physicist	fí-si-sist	Físico
Physiotherapy	fi-sio-thé-ra-pi	Fisioterapia
Pick	pik	Elegir
Picture	pík-cher	Imagen
Piece	pís	Pedazo
Pierce	pírs	Atravesar
Pigeon	pí-yen	Paloma
Pile	páil	Montón
Pilgrim	píl-grim	Peregrino
Pill	píl	Píldora

Pillow	pí-lo	Almohada
Pilot	pái-lot	Piloto
Pineapple	pái-na-pol	Piña
Pinewood	páin-wud	Pinar
Pinhead	pín-hed	Cabeza de alfiler
Pink	pínk	Rosa
Pinkie	pín-ki	Dedo meñique
Pioneer	pái-o-nir	Pionero
Pipe	páip	Tubo
Pirate	pái-ret	Pirata
Pitch	pích	Paso
Pitfall	pít-fol	Trampa
Place	pléis	Lugar
Plague	pléig	Plaga
Plain	pléin	Plano
Plan	plán	Plan
Plant	plánt	Planta
Plaster	plás-ter	Yeso
Plate	pléit	Lámina
Plateau	pla-tóu	Meseta
Plausible	pló-si-bol	Plausible
Play	pléi	Jugar
Plead	plíd	Alegar
Pleasant	plé-sant	Agradable
Please	plís	Por favor
Pledge	plédch	Promesa
Pliers	plái-ers	Alicates
Plow	pláu	Arado
Plug	plág	Enchufar
Plumber	plám-ber	Plomero
Plunge	plánch	Inmersión
Pocket	pó-ket	Bolsillo
Pockmark	pók-mark	Picadura de viruela
Poetry	pó-e-tri	Poesía
Point	póint	Punto
Pointless	póint-les	Inútil
Poison	pói-son	Veneno
Poke	póuk	Meter

Pole	póul	Polo
Policy	pó-li-si	Política
Polish	pó-lish	Polaco
Polite	po-láit	Educado
Polytheism	pó-li-the-ism	Politeísmo
Ponder	pón-der	Reflexionar
Pool	púl	Piscina
Poor	púr	Pobre
Popular	pó-piu-lar	Popular
Population	po-piu-léi-shon	Población
Portable	pór-ta-bol	Portátil
Portray	por-tréi	Retratar
Position	po-sí-shon	Posición
Possess	po-sés	Poseer
Possible	pó-si-bol	Posible
Post	póust	Correo
Postscript	póust-skript	Posdata
Postulate	pós-chu-leit	Postulado
Potato	po-téi-tou	Papa
Potential	po-tén-shal	Potencial
Pottery	pó-te-ri	Cerámica
Pouch	páuch	Bolsa
Pound	páund	Libra
Pour	pór	Derramar
Powder	páu-der	Polvo
Power	páu-er	Fuerza
Practical	prák-ti-kal	Práctico
Practice	prák-tis	Práctica
Praise	préiz	Elogio
Pray	préy	Orar
Preach	prích	Predicar
Precede	pri-síd	Preceder
Precious	pré-shus	Precioso
Precise	pre-sáis	Preciso
Prefer	pre-fér	Preferir
Prepare	pre-pér	Preparar
Prescribe	pres-kráib	Prescribir
Present	pré-sent	Presente

Las 4000 Palabras Más Usadas en Inglés

Press	prés	Prensa
Pressure	pré-sher	Presión
Pretend	pre-ténd	Pretender
Pretty	pré-ti	Bonito
Prevent	pre-vént	Prevenir
Price	práis	Precio
Prickle	prí-kl	Picazón
Pride	práid	Orgullo
Priest	príst	Sacerdote
Primary	prái-ma-ri	Primario
Principle	prín-si-pol	Principio
Priority	praió-ri-ti	Prioridad
Prisoner	prí-so-ner	Prisionero
Private	prái-vet	Privado
Privilege	prí-ve-litch	Privilegio
Prize	práis	Premio
Problem	pró-blem	Problema
Procedure	pro-sí-dchure	Procedimiento
Process	pró-ses	Proceso
Procure	pro-kíur	Obtener
Produce	pro-dús	Producir
Product	pró-dact	Producto
Proficiency	pro-fí-shen-si	Competencia
Profile	próu-fail	Perfil
Profitable	pró-fi-ta-bol	Rentable
Profound	pro-fáund	Profundo
Program	próu-gram	Programa
Progress	próu-gres	Progreso
Progressive	pro-gré-siv	Progresivo
Promise	próu-mis	Promesa
Promote	pro-móut	Promover
Promptly	prómpt-li	Inmediatamente
Prone	próun	Propenso
Pronounce	pro-náuns	Pronunciar
Proof	prúf	Prueba
Properly	pró-per-li	Adecuadamente
Property	pró-per-ti	Propiedad
Proposal	pro-póu-sal	Propuesta

Las 4000 Palabras Más Usadas en Inglés

Prosecute	pró-se-kiut	Enjuiciar
Prosperous	prós-pe-ros	Próspero
Protect	pro-tékt	Proteger
Protective	pro-ték-tiv	Protector
Protein	próu-tin	Proteína
Protrude	pro-trúd	Sobresalir
Proud	práud	Orgulloso
Prove	prúv	Probar
Provide	pro-váid	Proporcionar
Provoke	pro-vók	Provocar
Psalm	sám	Salmo
Psychotherpy	sái-ko-thé-ra-pi	Psicoterapia
Public	pá-blic	Público
Pull	púl	Jalar
Pulsation	pul-séi-shon	Pulsación
Punch	pónch	Puñetazo
Punctual	púnk-chu-al	Puntual
Puncture	púnk-chur	Punción
Punish	pá-nish	Castigar
Puppet	pá-pet	Marioneta
Purchase	pér-chess	Compra
Pure	piúr	Puro
Purg	pérg	Purga
Purify	píu-ri-fai	Purificar
Purple	pér-pol	Púrpura
Purpose	pér-pos	Objetivo
Purse	pérs	Cartera
Pursue	per-siú	Buscar
Push	púsh	Empujar
Put	pút	Poner
Puzzle	pá-zel	Rompecabezas
Quack	kuák	Curandero
Quadcopter	kuád-cóp-ter	Cuadricóptero
Quadrangle	kuád-ran-gl	Cuadrilátero
Quadrant	kuád-rant	Cuadrante
Quadratic	kuá-dra-tik	Cuadrático
Quadruple	kuád-ru-pol	Cuadruplicar
Quagmire	kuág-mair	Cenagal

Quaint	kuéint	Pintoresco
Qualified	kuá-li-fáid	Calificado
Qualify	kuá-li-fai	Calificar
Qualitative	kua-li-téi-tiv	Cualitativo
Quality	kuá-li-ti	Calidad
Qualm	kuólm	Escrúpulo
Quantity	kuán-ti-ti	Cantidad
Quarantine	kuó-ran-tin	Cuarentena
Quarrel	kuó-rrel	Disputa
Quarry	kuá-ri	Cantera
Quarter	kuár-ter	Cuarto
Quarterly	kuár-ter-li	Trimestral
Quartz	kuórts	Cuarzo
Quasar	kuéi-sar	Quásar
Quaver	kuéi-ver	Temblor
Qubit	kíu-bit	Qubit
Queen	kuín	Reina
Queer	kuír	Queer
Quench	kuénch	Aplacar
Quenchless	kuénch-les	Inextinguible
Query	kúe-ri	Consulta
Quest	kuést	Búsqueda
Question	kués-chon	Pregunta
Questionnaire	kués-chon-ér	Cuestionario
Queue	kiú	Cola
Quick	kuík	Rápido
Quickly	kuík-li	Rápidamente
Quickness	kuík-nes	Rapidez
Quicksand	kuík-sand	Arena movediza
Quiddity	kuí-di-ti	Esencia
Quiet	kuái-et	Tranquilo
Quill	kuíl	Pluma
Quilt	kuílt	Colcha
Quintessential	kuin-te-sén-chal	Quintessential
Quintet	kuín-tet	Quinteto
Quintuple	kuín-tu-pol	Quintuplicar
Quirky	kuér-ki	Peculiar
Quit	kuít	Abandonar

Quite	kuáit	Bastante
Quiver	kuí-ver	Carcaj
Quixotic	kui-só-tik	Quijotesco
Quiz	kuíz	Prueba
Quokka	kuó-ka	Quokka
Quorum	kuó-rum	Quórum
Quota	kuó-ta	Cuota
Quotation	kuo-téi-shon	Cotización
Quote	kuóut	Cita
Rabbi	rá-bai	Rabino
Rabbit	rá-bit	Conejo
Race	réis	Carrera
Rack	rák	Estante
Radar	réi-dar	Radar
Radiation	rei-di-éishon	Radiación
Radio	réi-dio	Radio
Rag	rág	Trapo
Rage	réich	Furia
Raid	réid	RAID
Rail	réil	Carril
Railroad	réil-róud	Ferrocarril
Rain	réin	Lluvia
Rainbow	réin-bóu	Arcoíris
Raise	réis	Aumentar
Raisin	réi-sin	Pasa
Rake	réik	Rastrillo
Rally	rá-li	Reunión
Ramble	rám-bol	Divagar
Rampage	rám-peich	Alboroto
Rampant	rám-pant	Desenfrenado
Random	rán-dom	Aleatorio
Range	réin-dch	Rango
Rank	ránk	Rango
Rapid	rá-pid	Rápido
Rapport	ra-pór	Compenetración
Rarely	réer-li	Casi nunca
Rash	rásh	Erupción
Rate	réit	Tasa

Rather	rá-der	Bastante
Rationale	ra-she-nél	Razón fundamental
Rattle	rá-tol	Traqueteo
Ravage	rá-veich	Estrago
Rave	réiv	Delirio
Raven	rá-ven	Cuervo
Ravenous	rá-ve-nos	Voraz
Ravine	ra-vín	Barranco
Ravishing	rá-vish-ing	Encantador
Raw	ró	Crudo
Ray	réi	Rayo
Razor	réi-sor	Navaja
Reach	rích	Alcanzar
React	ri-ákt	Reaccionar
Read	ríd	Leer
Ready	ré-di	Listo
Real	ríal	Real
Realm	réalm	Reino
Reap	ríp	Cosechar
Rear	ríer	Trasero
Reason	rí-son	Razón
Rebound	rí-baund	Rebote
Rebuke	ri-biúk	Represión
Recall	ri-kól	Recordar
Receipt	re-sít	Recibo
Receive	re-sív	Recibir
Recent	rí-sent	Reciente
Recess	ré-ses	Recreo
Recipe	ré-si-pi	Receta
Reckless	rék-les	Imprudente
Reckoning	ré-ko-ning	Estimación
Recognize	ré-ko-gnais	Reconocer
Reconcile	ré-kon-sail	Conciliar
Record	ré-kord	Registro
Recover	ré-ko-ver	Recuperar
Recruit	re-krút	Recluta
Red	réd	Rojo
Redemption	re-demp-shon	Redención

Reduce	ri-dús	Reducir
Reef	ríf	Arrecife
Reel	ríl	Carrete
Refer	re-fér	Referirse
Reflect	re-flékt	Reflejar
Refrain	re-fréin	Abstenerse
Refuge	ré-fiuch	Refugio
Refund	re-fónd	Reembolso
Refurbish	re-fér-bish	Restaurar
Refuse	re-fiús	Rechazar
Regard	re-gárd	Respecto
Regime	re-shím	Régimen
Region	rí-dion	Región
Regret	re-grét	Arrepentirse
Regular	ré-gu-lar	Regular
Regulate	ré-gu-leit	Regular
Rehabilitate	re-ja-bi-li-teit	Rehabilitar
Rehearsal	re-hér-sal	Ensayo
Reign	réin	Reinado
Rein	rèin	Rienda
Reject	ri-dchékt	Rechazar
Rejoice	ri-dchóis	Alegrarse
Relapse	ri-láps	Recaída
Relate	re-léit	Relatar
Relative	ré-la-tiv	Relativo
Relay	rí-lei	Relé
Release	re-lís	Liberar
Relentless	re-lént-les	Implacable
Reliable	re-lái-a-bol	Confiable
Relief	re-líf	Alivio
Relieve	re-lív	Aliviar
Reluctant	re-lúk-tant	Reacio
Rely	re-lái	Confiar
Remain	re-méin	Permanecer
Remainder	re-méin-der	Resto
Remarkable	re-már-ka-bol	Notable
Remember	re-mém-ber	Recordar
Remind	re-máind	Recordar

Remorse	re-mórs	Remordimiento
Remote	re-móut	Remoto
Removal	ri-móu-val	Eliminación
Remove	ri-móuv	Eliminar
Renowned	re-náund	Renombrado
Repeal	ri-píl	Revocar
Replace	re-pléis	Reemplazar
Report	re-pórt	Informe
Reputation	re-piú-tei-shon	Reputación
Require	re-kwáir	Requerir
Requisite	ré-kwi-zit	Requisito
Rescue	rés-kiu	Rescate
Research	ri-sérch	Investigación
Resign	ri-sáin	Renunciar
Resort	re-sórt	Complejo
Resource	ri-sórs	Recurso
Respect	re-spékt	Respeto
Respond	re-spónd	Responder
Responsible	re-spón-sa-bol	Responsable
Rest	rést	Descansar
Result	re-súlt	Resultado
Retail	rí-tel	Minorista
Retain	re-téin	Retener
Retire	re-táir	Retirarse
Retrieve	re-trív	Recuperar
Return	re-térn	Devolver
Reveal	ri-víal	Revelar
Revenge	re-vénch	Venganza
Review	re-víu	Revisar
Revision	re-ví-shon	Revisión
Revolt	ri-vólt	Revuelta
Reward	ri-wórd	Premio
Rhyme	ráim	Rima
Rhythm	rí-zem	Ritmo
Ribbon	rí-bon	Cinta
Rice	ráis	Arroz
Rich	rích	Rico
Riddle	rí-dol	Enigma

Las 4000 Palabras Más Usadas en Inglés

Ride	ráid	Conducir
Ridge	rídch	Cresta
Rifle	rái-fol	Rifle
Right	ráit	Bien
Rigid	ríd-dchid	Rígido
Rigorous	rí-go-ros	Riguroso
Ring	rín	Anillo
Riot	rái-ot	Disturbio
Ripe	ráip	Maduro
Ripple	rí-pol	Onda
Rise	ráis	Elevar
Risk	risk	Riesgo
Ritual	rí-chu-al	Ritual
Rival	rái-val	Rival
River	rí-ver	Río
Road	róud	Camino
Roast	róust	Asar
Robbery	ró-be-ri	Robo
Robe	róub	Túnica
Rock	rók	Roca
Role	ról	Role
Roll	ról	Rollo
Roof	rúf	Techo
Room	rúm	Habitación
Root	rút	Raíz
Rope	róup	Soga
Rose	róus	Rosa
Rotten	ró-ten	Podrido
Rough	róf	Bruto
Round	ráund	Redondo
Routine	ru-tín	Rutina
Row	róu	Fila
Royal	rói-al	Real
Rubber	rá-ber	Goma
Rubbish	rá-bi-sh	Basura
Rude	rúd	Brusco
Rugged	rá-ged	Escabroso
Ruin	rú-in	Ruina

Rule	rúl	Regla
Rumble	rám-bol	Retumbar
Rummage	rú-mach	Hurgar
Run	rón	Correr
Rush	rósh	Correr
Rustle	rús-l	Crujido
Rusty	rús-ti	Oxidado
Ruthless	rúth-les	Implacable
Sack	sák	Bolsa
Sacred	séi-kred	Sagrado
Sacrifice	sá-kri-fais	Sacrificio
Sacrilege	sá-kri-ledch	Sacrilegio
Sad	sád	Triste
Saddle	sá-dol	Sillín
Safe	séif	Seguro
Sagacity	sa-gá-si-ti	Sagacidad
Said	séd	Dicho
Sail	séil	Navegar
Saint	séint	Smo.
Sake	séik	Beneficio
Salad	sá-lad	Ensalada
Salary	sá-la-ri	Salario
Sale	séil	Venta
Sales	séils	Ventas
Salt	sólt	Sal
Salvage	sál-vach	Salvar
Same	séim	Mismo
Sample	sám-pol	Muestra
Sanction	sánk-shon	Sanción
Sand	sánd	Arena
Sanguinary	sán-gui-ne-ri	Sanguinario
Sanitation	sa-ni-téi-shon	Saneamiento
Sanity	sá-ni-ti	Cordura
Sapphire	sá-fa-ier	Zafiro
Satellite	sá-te-lait	Satélite
Satisfactory	sa-tis-fák-to-ri	Satisfactorio
Saturday	sá-tur-dei	Sábado
Sauce	sós	Salsa

Las 4000 Palabras Más Usadas en Inglés

Saucepan	sós-pan	Cacerola
Saucer	só-ser	Platillo
Sausage	só-sich	Embutido
Savage	sá-vach	Salvaje
Save	séiv	Ahorrar
Saw	só	Sierra
Say	séi	Decir
Scale	skéil	Escala
Scandal	skán-dal	Escándalo
Scarce	skérs	Escaso
Scare	skér	Susto
Scary	ské-ri	Aterrador
Scatter	ská-ter	Dispersión
Scene	scín	Escena
Scent	sént	Aroma
Schedule	ské-diul	Cronograma
Scheme	skím	Esquema
School	skúl	Escuela
Science	sái-ens	Ciencia
Scientist	sái-en-tist	Científico
Scissors	sí-sors	Tijeras
Scold	skóuld	Regañar
Scope	skóup	Alcance
Score	skór	Puntaje
Scorn	skórn	Desdén
Scotland	skót-land	Escocia
Scoundrel	skáun-drel	Sinvergüenza
Scout	skáut	Explorar
Scramble	skrám-bol	Lucha
Scrap	skráp	Chatarra
Scrape	skréip	Raspar
Scratch	skrách	Rascar
Scream	scrím	Gritar
Screen	skrin	Pantalla
Screw	skrú	Tornillo
Scribble	skrí-bol	Garabato
Scrub	skráb	Fregar
Sculpture	skálp-chur	Escultura

Sea	sí	Mar
Seal	síal	Sello
Search	sérch	Buscar
Season	sí-son	Estación
Seat	sít	Asiento
Second	sé-cond	Segundo
Secret	sí-kret	Secreto
Secretary	sék-re-ta-ri	Secretario
Section	sék-shon	Sección
Security	se-kíu-ri-ti	Seguridad
See	sí	Ver
Seed	síd	Semilla
Seem	sím	Parecer
Segregate	ségrre-geit	Segregar
Seize	sís	Aprovechar
Seldom	sél-dom	Rara vez
Sell	sél	Vender
Seminar	sé-mi-nar	Seminario
Send	sénd	Enviar
Senior	sé-nior	Sénior
Sensibility	sen-si-bí-li-ti	Sensibilidad
Sentence	sén-tens	Oración
Sentimental	sen-ti-mén-tal	Sentimental
Separate	sé-pa-reit	Separado
Sequence	sí-kuens	Secuencia
Serene	se-rín	Sereno
Series	sí-ries	Serie
Serious	sí-ries	Grave
Servant	sér-vent	Servidor
Service	sér-vis	Servicio
Session	sé-shon	Sesión
Set	sét	Colocar
Seven	sé-ven	Siete
Seventeen	se-ven-tín	Diecisiete
Seventh	sé-venth	Séptimo
Seventy	sé-ven-ti	Setenta
Several	sé-ve-ral	Varios
Severe	se-vír	Severo

Sew	sóu	Coser
Shade	shéid	Sombra
Shadow	shá-dou	Sombra
Shake	shéik	Agitar
Shallow	shá-lou	Poco profundo
Shame	shéim	Lástima
Shape	shéip	Forma
Share	shér	Compartir
Sharp	shárp	Afilado
Shatter	shá-ter	Romper
Shave	shéiv	Afeitar
She	shí	Ella
Sheep	shíp	Oveja
Sheer	shíer	Escarpado
Sheet	shít	Hoja
Shelf	shélf	Estante
Shell	shél	Caparazón
Shelter	shél-ter	Refugio
Shepherd	shé-perd	Pastor
Shield	shíeld	Blindaje
Shift	shíft	Cambio
Shine	sháin	Brillar
Shipment	shíp-ment	Envío
Shipwreck	shíp-rek	Naufragio
Shirt	shért	Camisa
Shock	shók	Choque
Shoe	shú	Zapato
Shoot	shút	Disparar
Shop	sháp	Comercio
Shore	shór	Costa
Short	shórt	Corto
Shortage	shór-tedch	Escasez
Shorten	shór-ten	Acortar
Shot	shót	Disparo
Should	shúd	Debería
Shoulder	shól-der	Hombro
Shout	sháut	Gritar
Shove	shóv	Empujón

Shovel	shó-vel	Pala
Show	shóu	Espectáculo
Shower	sháu-er	Ducha
Shredder	shré-der	Desfibradora
Shrewd	shrúd	Perspicaz
Shriek	shríek	Grito
Shrimp	shrímp	Camarón
Shrink	shrínk	Encoger
Shudder	shú-der	Estremecimiento
Shut	shút	Cerrar
Shy	shái	Tímido
Sick	sík	Enfermo
Side	sáid	Lado
Sigh	sái	Suspiro
Sight	sáit	Vista
Sign	sáin	Firmar
Silence	sái-lens	Silencio
Silly	sí-li	Tonto
Silver	síl-ver	Plata
Simple	sím-pol	Simple
Simplify	sím-pli-fai	Simplificar
Simultaneous	sai-mul-té-ni-us	Simultáneo
Since	síns	Desde
Singer	síng-er	Cantante
Single	síngol	Soltero
Sink	sínk	Hundir
Siren	sái-ren	Sirena
Sister	sís-ter	Hermana
Site	sáit	Sitio
Situation	si-chuéi-shon	Situación
Sixteen	siks-tín	Dieciséis
Sixty	síks-ti	Sesenta
Size	sáis	Tamaño
Skate	skéit	Patinar
Sketch	skéch	Bosquejo
Skill	skíl	Habilidad
Skin	skín	Piel
Skip	skíp	Saltar

Skirt	skért	Falda
Skull	skúl	Cráneo
Sky	skái	Cielo
Slave	sléiv	Esclavo
Sleep	slíp	Dormir
Sleeve	slív	Manga
Slender	slén-der	Esbelto
Slice	sláis	Rebanada
Slide	sláid	Deslizar
Slight	sláit	Leve
Slope	slóup	Pendiente
Slow	slóu	Lento
Sluggish	slá-gish	Lento
Slumber	slám-ber	Sueño
Small	smól	Pequeño
Smart	smárt	Elegante
Smile	smáil	Sonrisa
Smoke	smóuk	Fumar
Smolder	smól-der	Arder sin llama
Smooth	smúth	Liso
Smuggler	smág-ler	Contrabandista
Snake	snéik	Serpiente
Snatch	snách	Arrebatar
Sneak	sník	Furtivo
Sniggle	sní-gl	Risita
Snow	snóu	Nieve
So	sóu	Entonces
Soak	sóuk	Remojar
Soap	sóup	Jabón
Social	só-shal	Social
Society	so-sái-e-ti	Sociedad
Soil	sóil	Suelo
Soldier	sól-dier	Soldado
Solemnity	so-lém-ni-ti	Solemnidad
Some	sóm	Alguno
Something	sóm-thin	Algo
Sometime	sóm-taim	A veces
Soon	sún	Pronto

Las 4000 Palabras Más Usadas en Inglés

Sore	sór	Doloroso
Sorrow	só-rrou	Pena
Sort	sórt	Clasificar
Sound	sáund	Sonido
Soup	súp	Sopa
Sour	sáur	Agrio
Source	sórs	Fuente
South	sáuth	Sur
Sovereign	só-ve-ren	Soberano
Space	spéis	Espacio
Spare	spér	Repuesto
Speak	spík	Hablar
Special	spé-shal	Especial
Specialize	spé-sha-laiz	Especializarse
Speculate	spé-kíu-leit	Especular
Speed	spíd	Velocidad
Spice	spáis	Condimentar
Spinal	spái-nal	Espinal
Spiritual	spí-ri-chu-al	Espiritual
Spite	spáit	Despecho
Sponge	spónch	Esponja
Spoon	spún	Cuchara
Sport	spórt	Deporte
Spotlight	spót-lait	Destacar
Spread	spréd	Desparramar
Spring	spríng	Primavera
Spy	spái	Espiar
Square	skuér	Cuadrado
Squeeze	skuís	Estrujar
Stabilize	stá-bi-laiz	Estabilizar
Stage	stéich	Escenario
Stagger	stá-ger	Escalonar
Stain	stéin	Mancha
Staircase	stér-keis	Escalera
Stake	stéik	Apostar
Stammer	stá-mer	Balbucear
Stand	stánd	Pararse
Stare	stér	Mirada fija

Las 4000 Palabras Más Usadas en Inglés

Start	stárt	Comenzar
Starve	stárv	Morir de hambre
State	stéit	Estado
Station	stéi-shon	Estación
Stay	stéi	Permanecer
Steady	sté-di	Estable
Steak	stéik	Bife
Steal	stíl	Robar
Steam	stím	Vapor
Steel	stím	Acero
Steer	stíl	Buey
Step	stí-miu-leit	Paso
Steward	stók	Mayordomo
Still	stóun	Aún
Stimulate	stóp	Estimular
Stock	stór	Existencias
Stone	stó-ri	Piedra
Stop	stóuv	Detener
Store	stréit	Almacenar
Story	stréinch	Historia
Stove	stró	Cocina
Straight	strím	Derecho
Strange	strít	Extraño
Straw	stréngz	Paja
Stream	stráik	Arroyo
Street	strít	Calle
Strength	strénz	Fortaleza
Strike	stráik	Huelga
Stroke	stróuk	Ataque
Strong	stróng	Fuerte
Student	stú-dent	Alumno
Study	stá-di	Estudiar
Style	stáil	Estilo
Subject	sób-dchect	Sujeto
Sublime	su-bláim	Sublime
Submerge	sub-mérch	Sumergir
Subscriber	sub-scráiber	Abonado
Subtle	sób-tol	Sutil

Suburban	su-bér-ban	Suburbano
Succeed	suc-síd	Tener éxito
Success	suc-sés	Éxito
Such	sách	Semejante
Suffering	sá-fe-ring	Sufrimiento
Sugar	shú-gar	Azúcar
Suggestion	su-gés-chon	Sugerencia
Suicide	súi-saíd	Suicidio
Summarize	sú-ma-raiz	Resumir
Sunday	sán-dei	Domingo
Superior	su-pí-ri-or	Superior
Supply	su-plái	Suministrar
Support	su-pórt	Apoyo
Suppose	su-póus	Suponer
Supreme	su-prím	Supremo
Sure	shúr	Seguro
Surface	sér-fes	Superficie
Surgery	sér-dcheri	Cirugía
Surround	se-ráund	Rodear
Survey	sér-vei	Encuesta
Survival	ser-vái-val	Supervivencia
Suspect	sus-péct	Sospechar
Suspicion	sus-pí-shon	Sospecha
Swallow	swá-lo	Tragar
Swear	suér	Jurar
Sweat	swét	Sudor
Sweep	suíp	Barrer
Sweet	swít	Dulce
Swing	swíng	Balancearse
Switch	suích	Cambiar
Sympathy	sím-pa-thi	Compasión
System	sís-tem	Sistema
Table	téi-bol	Mesa
Tabulate	tá-biu-leit	Tabular
Tackle	ták-l	Abordar
Tactful	tákt-ful	Diplomático
Tail	téil	Cola
Tailor	téi-lor	Sastre

Take	téik	Llevar
Tale	téil	Cuento
Talk	tók	Hablar
Tall	tól	Alto
Tame	téim	Domar
Tangent	tán-dchent	Tangente
Tangible	tán-dchi-bol	Tangible
Tangle	tán-gol	Enredo
Tap	táp	Grifo
Tape	téip	Cinta
Tapestry	tá-pes-tri	Tapiz
Target	tár-get	Objetivo
Task	tásk	Tarea
Taste	téist	Gusto
Taunt	tónt	Pulla
Tax	táks	Impuesto
Tea	tí	Té
Teach	tích	Enseñar
Teacher	tí-cher	Maestro
Team	tím	Equipo
Tear	tér	Lágrima
Tease	tís	Fastidiar
Technician	tek-ní-shan	Técnico
Technology	tek-nó-lo-dchi	Tecnología
Teenage	tí-néidch	Joven
Telegraph	té-le-graf	Telégrafo
Telephone	té-le-foun	Teléfono
Tell	tél	Decir
Temperature	tém-pe-ra-chur	Temperatura
Temptation	temp-téi-shon	Tentación
Ten	tén	Diez
Tension	tén-shon	Tensión
Terminology	ter-mi-nó-lo-dchi	Terminología
Terrace	té-rais	Terraza
Terrible	té-ra-bol	Horrible
Terrify	té-ra-fai	Aterrorizar
Testify	tés-ti-fai	Testificar
Textile	téks-tail	Textil

Texture	téks-chur	Textura
Than	zán	Que
Thank	zánk	Agradecer
That	zat	Eso
The	zé	El
Theater	zí-a-ter	Teatro
Theft	zéft	Robo
Their	zér	Su
Them	zem	A ellos
Theme	zím	Tema
Then	zen	Entonces
Theological	zió-lo-dchik-al	Teológico
Theory	zió-ri	Teoría
Therapy	zé-ra-pi	Terapia
There	zér	Allá
Therefore	zér-for	Por lo tanto
Thermometer	zer-mó-me-ter	Termómetro
These	zís	Estos
They	zéi	Ellos
Thief	zíf	Ladrón
Thin	zín	Delgado
Thing	zíng	Cosa
Think	zínk	Pensar
Thirsty	zérs-ti	Sediento
This	zis	Este
Thorough	zó-ro	Exhaustivo
Those	zóus	Aquellos
Though	zóu	Aunque
Thought	zóut	Pensamiento
Thousand	záu-zand	Mil
Threaten	zré-ten	Amenazar
Three	zrí	Tres
Thrill	zrríl	Emoción
Throat	zróut	Garganta
Throttle	zró-tol	Acelerador
Through	zrú	A través de
Throw	zróu	Tirar
Thrust	zrrást	Empuje

Thumb	zámb	Pulgar
Thunder	zán-der	Trueno
Thursday	zérs-dei	Jueves
Thus	zas	De este modo
Tickle	tí-kl	Cosquillas
Tide	táid	Marea
Tidy	tái-di	Ordenado
Tie	tái	Atar
Tiger	tái-ger	Tigre
Tight	táit	Ajustado
Time	táim	Tiempo
Tiptoe	típ-tóu	Punta del pie
Tired	tái-erd	Cansado
Title	tái-tol	Título
To	tú	A
Toad	tóud	Sapo
Toast	tóust	Tostada
Today	to-déi	Hoy
Toe	tóu	Dedo del pie
Together	to-gé-dher	Juntos
Token	tóu-ken	Simbólico
Tolerant	tó-le-rant	Tolerante
Tolerate	tó-le-reit	Tolerar
Tomorrow	to-mó-rou	Mañana
Tone	tóun	Tono
Tongue	táng	Lengua
Tonight	to-náit	Esta noche
Too	tú	También
Tool	túl	Herramienta
Tooth	túth	Diente
Top	táp	Arriba
Torture	tór-chur	Tortura
Total	tó-tal	Total
Totally	tó-ta-li	Totalmente
Touch	tách	Tocar
Tough	tóf	Difícil
Tour	túr	Recorrido
Toward	to-wárd	Hacia

Las 4000 Palabras Más Usadas en Inglés

Towel	táu-el	Toalla
Tower	táu-er	Torre
Town	táun	Ciudad
Trace	tréis	Rastro
Track	trák	Pista
Trade	tréid	Comercio
Tradition	tra-dí-shon	Tradición
Tragedy	trá-dje-di	Tragedia
Trail	tréil	Camino
Train	tréin	Tren
Traitor	tréi-tor	Traidor
Trample	trám-pol	Pisotear
Tranquil	trán-ku-il	Tranquilo
Transfer	tráns-fer	Transferir
Transformation	trans-for-méi-shon	Transformación
Transpire	trans-páir	Transpirar
Travel	trá-vel	Viajar
Treacherous	tré-che-ros	Traicionero
Treason	trrí-son	Traición
Treasure	trré-sher	Tesoro
Treat	trrít	Tratar
Tree	trrí	Árbol
Tremble	trrém-bol	Temblar
Tremendous	tre-mén-dos	Enorme
Trial	trrái-al	Ensayo
Triangle	trrí-an-gol	Triángulo
Tribe	trráib	Tribu
Tribute	trrí-biut	Homenaje
Trigger	trrí-ger	Desencadenar
Triple	trrí-pol	Triple
Triumph	trrái-omf	Triunfo
Trolley	trró-lei	Carretilla
Troop	trrúp	Tropa
Trouble	trró-bol	Problema
True	trú	Verdadero
Trust	trrúst	Confianza
Truth	trúz	Verdad
Try	trrái	Intentar

Las 4000 Palabras Más Usadas en Inglés

Tuesday	tiús-dei	Martes
Tumble	tám-bol	Caída
Tune	tiún	Melodía
Turn	térrn	Doblar
Twentieth	tuén-ti-eth	Vigésimo
Twenty	tuén-ti	Veinte
Twice	tuáis	Dos veces
Twilight	tuái-lait	Crepúsculo
Two	tú	Dos
Type	táip	Tipo
Ugly	ág-li	Feo
Ultimate	úl-ti-met	Último
Ultra	úl-tra	Ultra
Umbrella	am-bré-la	Paraguas
Umpire	ám-pair	Árbitro
Unable	an-éibol	Incapaz
Unaided	an-éi-ded	Sin ayuda
Unaware	an-á-wér	Inconsciente
Unbearable	an-bér-a-bol	Inaguantable
Unbeatable	an-bí-ta-bol	Imbatible
Unbelievable	an-be-lí-va-bol	Increíble
Uncertain	an-sér-ten	Incierto
Uncle	án-kl	Tío
Uncomfortable	an-kóm-for-ta-bol	Incómodo
Unconscious	an-kón-shus	Inconsciente
Uncover	an-ká-ver	Descubrir
Under	án-der	Bajo
Undergo	án-der-góu	Someterse
Underground	án-der-graund	Subterráneo
Underneath	án-der-níth	Debajo
Understand	an-der-stánd	Entender
Understood	an-der-stúd	Comprendido
Undertake	án-der-téik	Emprender
Undertaking	án-der-té-king	Empresa
Undesirable	an-de-sái-ra-bol	Indeseable
Undo	an-dú	Deshacer
Undress	an-drés	Desnudo
Unearth	an-érth	Desenterrar

Uneasy	an-í-si	Inquieto
Unfair	an-fér	Injusto
Unfasten	an-fás-ten	Desabrochar
Unfathomable	an-fá-tho-ma-bol	Insondable
Unfold	an-fóuld	Desplegar
Unfortunate	an-fór-chu-net	Desgraciado
Uniform	iú-ni-form	Uniforme
Unify	iú-ni-fai	Unificar
Union	iú-nion	Unión
Unique	iu-ník	Único
Unit	iú-nit	Unidad
Unite	iu-náit	Unir
Universe	iú-ni-vers	Universo
University	iú-ni-ver-si-ti	Universidad
Unkind	an-káind	Cruel
Unknown	an-nóun	Desconocido
Unless	an-lés	A menos que
Unlike	an-láik	A diferencia de
Unlikely	an-lái-kli	Improbable
Unload	an-lód	Descargar
Unlock	an-lók	Descubrir
Unpleasant	an-plé-sa-nt	Desagradable
Unrest	an-rést	Disturbios
Unseen	an-sín	Invisible
Unstable	an-stéi-bol	Inestable
Unsuitable	an-súi-ta-bol	Inadecuado
Untie	an-tái	Desatar
Until	an-tíl	Hasta
Unusual	an-iú-shu-al	Inusual
Unveil	an-véil	Quitar el velo
Unwilling	an-uí-ling	Reacio
Unworthy	an-wór-thi	Indigno de
Up	áp	Arriba
Upbraid	áp-breid	Reprender a
Update	áp-déit	Actualizar
Upheaval	ap-jí-val	Convulsión
Upload	áp-lóud	Subir
Upon	a-pón	Al

Upper	á-per	Superior
Uproar	áp-ror	Escándalo
Upset	áp-set	Decepcionado
Upstairs	áp-stérs	Piso superior
Upward	áp-wárd	Hacia arriba
Urban	ér-ban	Urbano
Urge	érch	Urgir
Urgent	ér-dchent	Urgente
Us	ás	A nosotros
Usage	iú-sedch	Uso
Use	iús	Usar
Used	iúst	Usado
Useful	iú-sful	Útil
User	iú-ser	Usuario
Usual	iú-shual	Habitual
Usually	iú-shu-a-li	Generalmente
Utility	iú-ti-li-ti	Utilidad
Utilize	iú-ti-laiz	Utilizar
Utmost	út-most	Mayor
Utter	ú-ter	Pronunciar
Utterly	ú-tehr-li	Absolutamente
Vacancy	vá-can-si	Vacante
Vacation	va-kéi-shon	Vacaciones
Vaccine	vák-sin	Vacuna
Vacuum	vák-ium	Vacío
Vague	véig	Impreciso
Vain	véin	Vano
Validity	va-lí-di-ti	Validez
Valley	vá-li	Valle
Valuable	vá-lu-a-bol	Valioso
Value	vál-iu	Valor
Vanish	vá-nish	Desaparecer
Vaporize	vá-po-raiz	Vaporizar
Variable	vér-ia-bol	Variable
Variety	va-rái-e-ti	Variedad
Various	vér-ri-us	Varios
Vase	véis	Florero
Vast	vást	Vasto

Vault	vólt	Bóveda
Vehicle	ví-jikl	Vehículo
Veil	véil	Velo
Vein	véin	Vena
Velocity	ve-lá-si-ti	Velocidad
Velvet	vél-vet	Terciopelo
Vendor	vén-dor	Proveedor
Venerate	vé-ne-reit	Venerar
Venom	vé-nom	Veneno
Ventilation	ven-ti-léi-shon	Ventilación
Venture	vén-cher	Empresa
Venue	vén-iú	Evento
Verbalize	vér-ba-laiz	Expresar verbalmente
Verdict	vér-dikt	Veredicto
Verge	vérdj	Borde
Verify	vé-ri-fai	Verificar
Versatility	ver-sa-tí-li-ti	Versatilidad
Verse	vérs	Versículo
Version	vér-shon	Versión
Very	véri	Muy
Vessel	vé-sel	Buque
Vestibule	vés-ti-biul	Vestíbulo
Vestige	vés-tich	Vestigio
Veteran	vé-te-ran	Veterano
Viability	va-iá-bi-li-ti	Viabilidad
Vibrant	vái-brant	Vibrante
Vibrate	vái-breit	Vibrar
Vice	váis	Vicio
Vicious	ví-shus	Vicioso
Victim	vík-tim	Víctima
Victimize	vík-ta-maiz	Victimizar
Victory	vík-to-ri	Victoria
Video	ví-di-o	Video
View	viú	Vista
Vigil	ví-djil	Vigilia
Vigorous	ví-go-ros	Vigoroso
Village	ví-lach	Aldea

Las 4000 Palabras Más Usadas en Inglés

Villian	ví-li-an	Villano
Vindicate	vín-di-keit	Vindicar
Vine	váin	Enredadera
Vinegar	ví-ne-gar	Vinagre
Vintage	vín-tich	Antiguo
Violation	vai-o-léi-shon	Violación
Violence	vái-o-lens	Violencia
Violin	vái-o-lin	Violín
Virgin	vér-dyin	Virgen
Virtual	vér-chu-al	Virtual
Virtue	vér-chu	Virtud
Virus	vái-rus	Virus
Visage	ví-sash	Rostro
Vision	ví-shon	Visión
Visit	ví-sit	Visita
Visitor	ví-si-tor	Visitante
Visualize	ví-shua-laiz	Visualizar
Vital	vái-tal	Vital
Vitamin	vái-ta-min	Vitamina
Vivacious	vi-véi-shus	Vivaz
Vivid	ví-vid	Vívido
Vocabulary	vo-ká-biu-la-ri	Vocabulario
Vocal	vóu-kal	Vocal
Vocalist	vóu-ka-list	Vocalista
Vocation	vo-kéi-shon	Vocación
Vogue	vóug	Moda
Voice	vóis	Voz
Volcano	vol-kéi-nou	Volcán
Voltage	vól-teich	Voltaje
Volume	vól-iúm	Volumen
Volunteer	vo-lun-tíer	Voluntario
Voracious	vo-réi-shus	Voraz
Vote	vóut	Votar
Voter	vóu-ter	Votante
Voucher	vóu-cher	Vale
Vow	vóu	Voto
Vowel	váu-el	Vocal
Voyage	vó-yach	Viaje

Vulcanize	vól-ka-naiz	Vulcanizar
Vulnerability	vól-ne-ra-bi-li-ti	Vulnerabilidad
Vulture	vól-cher	Buitre
Wage	wéich	Salario
Wagon	wá-gon	Vagón
Waist	wéist	Cintura
Wait	wéit	Esperar
Waiter	wéi-ter	Mesero
Waitress	wéi-tress	Camarera
Wake	wéik	Despertar
Walk	wók	Caminar
Wall	wól	Muro
Walnut	wól-nut	Nuez
Waltz	wólts	Vals
Wander	wán-der	Deambular
Want	wánt	Desear
War	wór	Guerra
Warden	wór-den	Guardián
Wardrobe	wór-droub	Armario
Warehouse	wér-jaus	Depósito
Warm	wórm	Cálido
Warn	wórn	Advertir
Warning	wór-ning	Advertencia
Warrant	wó-rant	Orden
Was	wás	Era
Wash	wósh	Lavar
Waste	wéist	Desperdiciar
Watch	wóch	Mirar
Water	wó-ter	Agua
Wave	wéiv	Ola
Wax	wáks	Cera
Way	wéi	Forma
We	wí	Nosotros
Weak	wík	Débil
Wealth	wélz	Poder
Wear	wér	Tener puesto
Weary	wí-ri	Cansado
Weather	wé-der	Clima

Las 4000 Palabras Más Usadas en Inglés

Weave	wív	Tejer
Wedding	wé-ding	Boda
Wedge	wédch	Cuña
Weed	wíd	Hierba
Week	wík	Semana
Weep	wíp	Llorar
Weigh	wéip	Pesar
Weight	wéit	Peso
Welcome	wél-kom	Bienvenido
Welfare	wél-fer	Bienestar
Well	wél	Bien
West	wést	Oeste
Western	wés-tern	Occidental
Wet	wét	Húmedo
Whale	wéil	Ballena
What	wát	Qué
Whatever	wa-té-ver	Lo que
Wheat	wít	Trigo
Wheel	wíl	Rueda
When	wén	Cuando
Where	wér	Dónde
Whether	wé-ther	Si
Which	wích	Cual
While	wáil	Mientras
Whip	wíp	Látigo
Whirl	wérl	Giro
Whisker	wís-ker	Bigote
Whisper	wís-per	Susurro
Whistle	wís-tol	Silbar
White	wáit	Blanco
Who	jú	OMS
Whole	jóul	Entero
Whom	jóm	A quien
Whose	jús	Cuyo
Why	wái	Por qué
Wicked	wí-ked	Malvado
Wide	wáid	Ancho
Widow	wí-dou	Viuda

Wife	wáif	Esposa
Wild	wáild	Salvaje
Wilderness	wíl-der-nes	Desierto
Will	wíl	Voluntad
Willing	wí-ling	Deseoso
Willow	wí-lo	Sauce
Win	wín	Ganar
Wince	wíns	Contraerse de dolor
Wind	wínd	Viento
Winding	wín-ding	Devanado
Window	wín-dou	Ventana
Wine	wáin	Vino
Wing	wíng	Ala
Winter	wín-ter	Invierno
Wipe	wáip	Limpiar
Wire	wáir	Cable
Wiring	wái-ring	Alambrado
Wisdom	wís-dom	Sabiduría
Wise	wáis	Inteligente
Wish	wísh	Desear
With	wíth	Con
Withdraw	wíth-dró	Retirar
Withhold	wíth-jóuld	Retener
Within	wi-thín	Dentro
Without	wi-tháut	Sin
Witness	wít-nes	Testigo
Wizard	wí-zard	Mago
Wolf	wólf	Lobo
Woman	wú-man	Mujer
Womb	wúmb	Matriz
Women	wú-men	Mujer
Wonder	wón-der	Preguntarse
Wood	wúd	Madera
Wool	wúl	Lana
Word	wórd	Palabra
Work	wérk	Trabajar
World	wérld	Mundo
Worn	wórn	Gastado

Worry	wó-rry	Preocuparse
Worse	wórs	Peor
Worst	wórst	El peor
Worth	wérth	Valer
Worthy	wór-thi	Valioso
Would	wúd	Quería
Wound	wúnd	Herida
Wrap	ráp	Envoltura
Wreck	rék	Naufragio
Wrestle	rés-tol	Luchar
Wretched	rét-shed	Miserable
Wrinkle	rín-kl	Arruga
Wrist	ríst	Muñeca
Wristwatch	ríst-wach	Reloj de pulsera
Write	ráit	Escribir
Wrong	róng	Equivocado
Yacht	yát	Yate
Yank	yánk	Tirón
Yanked	yánkt	Arrancado
Yankee	yán-ki	yanqui
Yanking	yán-king	Tirón
Yard	yárd	Patio
Yarn	yárn	Hilo
Yatch	yátch	Yate
Yawn	yón	Bostezo
Yawned	yónd	bostezó
Ye	yé	S.M
Yeah	yéa	Sí
Year	yír	Año
Yearly	yíar-li	Anual
Yearn	yérn	Añorar
Yearning	yér-ning	Anhelo
Yeast	yíst	Levadura
Yell	yél	Gritar
Yellow	yé-lo	Amarillo
Yellowish	yé-lo-ish	Amarillento
Yelp	yélp	Gañido
Yes	yés	Sí

Yesterday	yés-ter-dei	Ayer
Yesteryear	yés-ter-íer	Antaño
Yet	yét	Todavía
Yeti	yé-ti	Yeti
Yiddish	yí-dish	yídish
Yield	yíeld	Producir
Yikes	yáiks	¡Vaya!
Yip	yíp	Sí
Yo-yo	yóu-yóu	Yoyó
Yoga	yó-ga	Yoga
Yogurt	yó-gurt	Yogur
Yoke	yók	Yugo
Yonder	yón-der	Allá
You	iú	Tú
Young	yóng	Joven
Your	iór	Su
Yours	iórs	Tuyo
Yourselves	iór-sélvs	Vosotros
Youth	iúth	Juventud
Youthful	iúth-ful	Juvenil
Yowl	yául	Aullido
Yowza	yóu-za	¡Guau!
Yucca	iú-ka	Yuca
Yucky	yú-ki	Asqueroso
Yule	iúl	Navidad
Yummy	iú-mi	Delicioso
Yuppie	iú-pi	Yuppie
Zany	zéi-ni	Loco
Zanyness	zéi-ni-nes	Locura
Zapped	zápt	Zapped
Zapping	zá-ping	Zapping
Zeal	zíl	Celo
Zealot	zé-lot	Fanático
Zealously	zé-laus-li	Celosamente
Zealousness	zé-laus-nes	Celo
Zebra	zí-bra	Cebra
Zeitgeist	záit-gáist	Espíritu de la época
Zen	zén	zen

Zenith	zé-nith	Cenit
Zero	zí-ro	Cero
Zest	zést	Ánimo
Zestful	zést-ful	Sabroso
Zestiness	zést-ti-nes	Vivacidad
Zigzag	zíg-zag	Zigzag
Zillion	zíl-ion	Un millón
Zinc	zínk	Zinc
Zing	zín	Gusto
Zinger	zín-ger	Zinger
Zip	zíp	Cremallera
Zipline	zíp-lain	Tirolesa
Zipper	zí-per	Cremallera
Zircon	zér-kon	Circón
Zodiac	zóu-di-ak	Zodíaco
Zombie	zóm-bi	Zombi
Zombielike	zóm-bi-láik	parecido a un zombi
Zombified	zóm-bi-fa-id	Zombificado
Zombify	zóm-bi-fai	Zombificar
Zombifying	zóm-bi-fai-ing	Zombificación
Zonal	zó-nal	Zonal
Zone	zóun	Zona
Zoned	zóund	Zonificado
Zoo	zú	Zoo
Zookeeper	zú-ki-per	Guardián del zoológico
Zoologist	zú-lo-dchist	Zoólogo
Zoom	zúm	Zoom
Zootopia	zú-tou-pi-a	Zootopia
Zucchini	su-kí-ni	Calabacín
Zygote	zái-gout	Cigoto

www.ingramcontent.com/pod-product-compliance
Lightning Source LLC
LaVergne TN
LVHW041711060526
838201LV00043B/678